SOUVENIRS

DE DEUX MARINS

In-8° 4e série.

Entrée du général Montauban dans Pékin, le 25 octobre 1860

SOUVENIRS DE DEUX MARINS

PAR L. LESAINT

DU MONITEUR DE L'OISE.

LIBRAIRIE DE L. LEFORT

IMPRIMEUR ÉDITEUR

LILLE	PARIS
rue Charles de Muyssart	rue des Saints-Pères, 30
PRÈS L'ÉGLISE NOTRE-DAME	J. MOLLIE, LIBRAIRE-GÉRANT

SOUVENIRS DE DEUX MARINS

CHAPITRE I

Brest. — Le Conquet.

La Bretagne est peut-être la seule de nos provinces qui ait conservé sans altération sensible les croyances, les mœurs, la langue, les coutumes des temps passés. Elle mérite à cet égard de fixer l'attention des touristes qui s'y donnent, chaque année, rendez-vous, pour en étudier les sites pittoresques. Le Finistère est comme un résumé complet de cette antique province; aussi attire-t-il particulièrement les étrangers par la fertilité de ses plaines comme par l'aridité de ses montagnes, par la grâce comme par la rudesse de ses paysages, par la variété de ses monuments, de ses types, de ses usages et de ses coutumes. On comprend que des artistes et beaucoup de ceux qui aiment à visiter les contrées dont l'aspect offre encore quelque chose de primitif, se rendent, l'été, dans cette partie de la France et en parcourent les côtes tourmentées par les flots. Il y a là, pour le peintre, des points de vue charmants; le poëte y trouve des solitudes et des horizons comme il en a rêvé; l'homme que des travaux sérieux ont retenu de longs mois dans son cabinet, y respire un air pur qui ranime ses forces épuisées par les veilles et la méditation.

Vers la fin du mois d'août 1863, M. et Mme de Kerdoret arrivèrent à Brest, avec leur fils Ludovic et leur neveu Horace de Closmadeuc, l'un et l'autre âgés d'environ douze ans. Les deux amis venaient d'obtenir de nombreuses couronnes, et une excursion en Bretagne était la récompense de leurs succès.

A peine installés à l'hôtel de Provence, les voyageurs voulurent voir ce que la ville offre de remarquable. Ils visitèrent successivement l'église Saint-Louis, la préfecture maritime, le le jardin d'acclimatation, où ils admirèrent une très-riche collection de coquillages et de plantes exotiques. Ils parcoururent ensuite le port, l'un des plus beaux de l'Europe; l'hôpital maritime, qui doit son nom à M. le duc de Clermont-Tonnerre; l'ancien bagne, la corderie, les forges excitèrent vivement leur intérêt. Comme tous ceux qui n'ont aucune idée d'un arsenal, ils considéraient d'un œil étonné les masses de canons et de boulets qui couvrent partout les quais. Le château les intéressa aussi beaucoup. Construit sur un rocher, à l'entrée du port et de la rade, il est encore un type remarquable de l'architecture militaire du moyen âge, malgré les changements qu'il a subis, surtout depuis que Vauban fit raser les toits coniques du donjon et des tours, et y pratiqua des plates-formes pour y mettre de l'artillerie. Il a remplacé, au XIIIe siècle, un *castellum* bâti vraisemblablement sous les Romains.

Pour aller de Brest à Recouvrance, petite

ville située de l'autre côté du port, les deux jeunes collégiens passèrent sur le pont tournant, travail unique en son genre, et qui réunit, malgré ses proportions colossales, le triple mérite de la solidité, de la légèreté et de l'élégance ; ce pont se compose de deux volées tournantes qui se réunissent au milieu du bassin, et dont le poids pour chacune atteint le chiffre énorme de 750,000 kilogrammes. La construction de cette œuvre audacieuse, qui a pour auteur l'ingénieur Oudry, a coûté trois millions de francs.

En rentrant en ville ils remarquèrent la promenade du cours d'Ajot, créée sur les remparts et plantée en 1769 par M. d'Ajot, officier du génie. Cette promenade, longue de 600 mètres, domine la rade dans son immensité. De là le regard embrasse un panorama charmant : En face, est la presqu'île de Crozon avec ses grottes sans cesse battues par les vagues, refuge de milliers d'oiseaux ; à droite, près du goulet, s'élève le phare du Pozzic, dont les feux, le soir, projettent au loin une vive lumière ; à gauche, se dessinent les côteaux qui terminent la chaîne des montagnes Noires. Tel est l'attrait que présente cette vaste nappe d'eau, tantôt calme, tantôt soulevée, avec les nombreux navires qui la sillonnent en tous sens, qu'on désire tous les jours jouir de sa vue; le paysage change d'aspect de minute en minute, et chaque fois qu'on revient, on saisit des détails qu'on n'avait point aperçus la veille. M. et Mme de Kerdoret ne furent pas moins émerveillés que les enfants de ce spectacle grandiose, et, pendant les quatre jours qu'ils demeurèrent à Brest, ils conduisirent bien souvent au cours d'Ajot Ludovic et Horace, qui auraient donné beaucoup pour posséder une maison sur la plage au pied des remparts.

M. de Kerdoret était heureux de la joie de son fils et de son neveu. Persuadé qu'une promenade en mer serait tout à fait de leur goût, il les mena un matin sur le quai et loua un bâteau. Les deux enfants s'élancèrent légèrement dans la barque, et, un instant après, ils passèrent sous les canons du château qui commande l'entrée du port. La brise soufflait de terre. Le bateau arriva, au bout de quelques minutes, près d'un vaisseau mouillé à une demi-lieue de la côte.

— Mon père, demanda Ludovic, quel est donc ce grand navire où nous voyons une foule de jeunes gens, tous vêtus de toile? Il y en a parmi eux qui paraissent extrêmement jeunes.

— Mon ami, répondit M. de Kerdoret, c'est le vaisseau-école. Tu sais que les élèves qui se destinent à la marine passent, après leurs examens, deux années à l'école d'application. C'est sur ce vaisseau qu'ils apprennent tout ce qui concerne leur carrière. Ils sont nommés, en sortant, aspirants de seconde classe, et attachés à l'un de nos cinq ports de guerre, d'où ils ne tardent pas à partir pour un voyage ordinairement très-long. *Le Borda* est la pépinière où se recrutent ces vaillants et habiles officiers dont beaucoup ont su, en maintes circonstances, illustrer et faire respecter notre pavillon. Plusieurs des jeunes gens que tu vois auront eux-mêmes, un jour, un nom glorieux, grâce à l'intelligence et au travail, qui leur ont valu d'être admis au vaisseau; car tu n'ignores pas que si dix-huit cents candidats environ se présentent annuellement pour subir les épreuves, quarante ou cinquante, en temps ordinaire, ont le bonheur d'être reçus.

Durant ce dialogue, le bateau, poussé par un vent rapide, s'était éloigné du *Borda*. M. de

Kerdoret pria le pilote de le conduire au brick destiné à l'instruction des mousses. Le batelier manœuvra en conséquence, et l'on se dirigea vers le fond de la rade. On eut bientôt rallié le brick. Pendant qu'on en faisait le tour, M. de Kerdoret expliqua aux enfants le but de cette nouvelle école. Un marin ne se forme pas comme un soldat; il faut à bord des navires non-seulement des matelots pour exécuter les manœuvres, mais encore des hommes habitués à certains travaux et capables de diriger les autres, tels que des voiliers, des calfats, des charpentiers, des maîtres-canonniers. Le brick des mousses fournit, en partie, ces hommes spéciaux, qui sont répartis entre les équipages; il est donc encore une pépinière très-précieuse pour notre marine.

Il était cinq heures de l'après-midi quand les jeunes visiteurs rentrèrent au port. Ils regagnèrent en toute hâte l'hôtel de Provence, désireux de faire part de leurs impressions à Mme de Kerdoret, pressés surtout de satisfaire leur appétit que l'excursion dans la rade avait plus que doublé. Il fut décidé à table qu'on partirait le lendemain matin pour le Conquet, où l'on devait prendre un logement pour plusieurs semaines.

Les collégiens dormaient de ce sommeil profond que donnent, à douze ans, le grand air et la fatigue, quand ils furent réveillés en sursaut par le bruit de la sonnette placée dans leur chambre. Ils se levèrent et firent leurs préparatifs de départ. Une heure après, la famille de Kerdoret était sur la route du Conquet, admirant, au milieu d'une riche verdure, les villas dont les blanches murailles éclairées par les premiers rayons du soleil, brillaient au loin, sur les côteaux et au fond des vallons.

Le paysage changea bientôt; on s'arrêta devant un marais encombré d'énormes pièces de bois. Ce lieu, c'était Penfeld, l'endroit où commence la rivière qui coule à Brest. Ces pièces de bois, enfoncées dans la vase, servent à la construction des navires de l'Etat. On prétend qu'ainsi recouvertes, chaque jour, par la mer, elles peuvent se conserver plus d'un siècle. Elles acquièrent sous l'eau une dureté semblable à celle du fer.

Après avoir traversé Saint-Renan, petit ville fort ancienne qui ne renferme absolument rien d'important, les voyageurs prirent le chemin qui conduit à la côte. A mesure qu'ils avançaient, l'aspect du pays devenait moins riant; la terre semblait moins bien cultivée, un soleil ardent avait desséché la verdure, on n'apercevait plus aucun arbre, tant la tempête se déchaîne avec violence dans ces champs sans abri! Ils distinguaient enfin, dans l'éloignement, le phare Saint-Matthieu, voisin de l'abbaye en ruines qui porte ce nom, le clocher de Lochrist, svelte et dentelé comme presque tous ceux du Finistère, et des marais aux couleurs vives tranchant sur l'azur du ciel et de l'Océan; ils allaient arriver au Conquet. Une demi-heure après, la voiture s'arrêtait, en effet, devant une auberge de modeste apparence, mais d'une propreté irréprochable. La famille s'y établit pour tout le temps que devait durer son séjour.

Le Conquet a beaucoup perdu de son importance d'autrefois. Quatre ou cinq rues mal bâties, un port assez peu spacieux à l'entrée duquel on remarque une antique chapelle, c'est tout ce que les étrangers peuvent y visiter. Mais, si l'on en croit les chroniques, et si l'on en juge par la quantité considérable de cailloux qu'on voit sur les champs, ce hameau ne serait qu'un débris d'une cité dont les maisons couvraient jadis une lieue carrée de terrain.

Il fallut peu de temps aux voyageurs pour parcourir la triste et silencieuse bourgade. Après y avoir pris langue, ils s'acheminèrent vers le phare, en suivant les falaises à pic qui bordent le rivage. Les deux enfants éprouvèrent alors une de ces sensations confuses qu'on ne peut définir : ce n'était plus de l'admiration comme en présence de la rade de Brest, mais une sorte d'éblouissement. La vuë de cette mer sans limites, racontant, selon l'expression de leur mère, les prodiges de la création, leur faisait mieux comprendre la toute-puissance divine. Combien ils se sentirent petits en face de l'infini! ils aimaient à entendre le bruit sourd de la vague déferlant contre les récifs pour venir ensuite expirer à leurs pieds. Leurs regards se portaient sur les îles Ouessant et Bénégueste, sur l'île Molène, dont les habitants, comme on le leur avait dit, sont condamnés à vivre sur une terre ingrate, rendue stérile par l'âpreté du climat, et peuvent à peine fournir aux besoins de leurs familles en suppléant à l'agriculture par le commerce des algues et du goëmon.

— Mes enfants, dit M. de Kerdoret, vous figurez-vous bien la position de ces infortunés ? La plupart d'entre eux ne sortiront jamais de cette île étroite et ignoreront toujours les merveilles de notre belle France ; leurs yeux ne mesureront d'autre horizon que celui des flots qui les emprisonnent et battent éternellement leurs rochers. Pauvres gens ! que leur existence est triste !

Puis, après un moment de réflexion, il ajouta :

— Ne les plaignons pas trop cependant ; ils ne peuvent désirer ce dont ils n'ont pas l'idée. Leurs jours s'écoulent, calmes et purs, loin du tumulte des passions qui nous agitent sur le continent. Rien ne manquerait à leurs vœux, si la nature, moins avare, leur donnait un peu du superflu dont abusent trop souvent les hommes qui nagent dans l'opulence ; car telle est leur misère, que l'Etat est obligé de leur envoyer des vivres à certaines époques de l'année. J'espère bien, mes jeunes amis, que vous n'oublierez pas ces insulaires ; leur souvenir, quand vous vous sentirez portés à vous plaindre de votre sort, vous empêchera de vous montrer injustes envers la Providence. Le bonheur et le malheur sont relatifs : si nous regardons au-dessous de nous, nous ne nous trouverons jamais très-malheureux.

En parlant ainsi, M. de Kerdoret accéléra la marche des enfants vers la tour qui sert de guide aux navigateurs ; des nuages s'amoncelaient dans le ciel, et l'on pouvait craindre d'être surpris par l'orage. On arriva promptement aux ruines de cette abbaye où, pendant tant de siècles, de vertueux cénobites invoquèrent pour le marin égaré sur l'abîme, le secours du Très-Haut. La poésie de cette solitude produisit sur les voyageurs une impression profonde. Ils s'imaginaient entendre ces voix graves, se mêlant aux mille voix de la tempête et de la mer, quand, au coucher du soleil, les religieux entonnaient l'office du soir. Comme elle devait être grande, pensaient-ils, la ferveur de ces hommes, isolés sur une pointe déserte et rappelés sans cesse à la pensée de l'Eternel par la vue de l'immensité! Mais la journée s'avançait, ils furent forcés de mettre fin aux réflexions qui se présentaient en foule à leur esprit.

Le phare Saint-Mathieu s'élève tout près de l'abbaye. Cent vingt marches, d'un demi-pied chacune, conduisent à la lanterne. Les visiteurs y montèrent, après avoir remis au gardien la permission délivrée par le commissaire de marine du Conquet, et inscrit, selon la coutume, leurs noms sur un registre. De cette hauteur, ils purent jouir d'un des plus beaux points de vue qu'on puisse imaginer. A droite se profilaient avec netteté les îles qu'ils avaient aperçues en venant; à gauche, c'était la rade de Brest, et par delà, le raz de Sein, si difficile pour les pilotes, puis l'entrée de la baie de Douarnenez; en face, l'Océan diapré de voiles blanches.

Pendant qu'ils considéraient avec ravissement ce magnifique tableau, le gardien, vieillard de plus de soixante ans, leur indiquait de la main la direction dans laquelle, tout enfant, il avait entendu retentir le canon anglais. Horace et Ludovic se plaisaient à l'écouter; ils l'excitaient à rappeler les souvenirs de cette époque terrible où l'habitant de ces contrées, aujourd'hui si pacifiques, avait à craindre à tout moment une descente de l'ennemi. Sa parole, son geste, toute sa personne portait le cachet de l'homme accoutumé à vivre dans l'isolement le plus complet durant la moitié de l'année. Les deux enfants mouraient d'envie de l'interroger sur son passé; ils devinaient que le vieux marin avait dû assister à plus d'un combat dont le récit eût eu pour eux un bien grand intérêt. Mais l'heure du dîner approchait, l'orage devenait de plus en plus menaçant, M. de Kerdoret les invita à descendre.

Au moment où ils sortaient du phare, un monsieur les rencontra. C'était un homme d'un âge avancé, dont la mise et la décoration annonçaient un officier en retraite. Il s'inclina très-poliment devant les étrangers, et, avec la familiarité du Breton et du marin, il demanda aux enfants si leur visite au phare les avait satisfaits. La conversation s'engagea. M. de Kerdoret apprit bientôt que M. Letroadec avait servi dans la marine jusqu'à l'âge de soixante ans, puis qu'il était venu habiter une petite maison entre le Conquet et le phare. En officier français le vieux marin ajouta qu'il serait très-heureux de piloter dans les environs, pendant leur séjour sur la côte, les deux petits garçons, à qui il raconterait les différentes phases de sa carrière.

M. et Mme de Kerdoret acceptèrent avec reconnaissance une offre si agréable et faite de si bonne grâce.

On était arrivé près du chemin qui menait à l'habitation de M. Letroadec ; on se salua de part et d'autre et on se sépara.

CHAPITRE II

Enfance de M. Letroadec. — Combat du Ferrol. — Combat de Trafalgar.

Une circonstance inattendue empêcha pendant plusieurs jours Horace et Ludovic d'aller voir M. Letroadec. M. de Kerdoret, rappelé brusquement à Paris pour des affaires urgentes, avait été contraint de laisser sa femme au Conquet, et il lui avait expressément recommandé de ne pas permettre aux enfants de courir seuls dans la campagne: un accident est si vite arrivé à la mer!

Mme de Kerdoret avait bien eu l'idée de les conduire elle-même chez le vieil officier; mais sa santé était très-délicate, et elle trouvait la course un peu longue. D'ailleurs, le temps était très-beau, et elle tenait à ce qu'on en profitât pour prendre des bains.

Une semaine s'écoula sans qu'il fût question de la visite projetée ; mais, le dimanche suivant, M. Letroadec vint au Conquet ; il s'informa de la demeure des étrangers et se présenta chez Mme de Kerdoret. Il sut si bien plaider la cause de ses petits amis, qu'il finit par triompher des craintes maternelles et qu'il les emmena. Ce ne fut pas toutefois sans avoir bien promis de ne pas les perdre de vue et de les reconduire jusqu'à une certaine distance de la maison.

Chemin faisant, le vieux marin se fit un plaisir de répondre aux mille et une questions que lui adressaient les deux cousins ; il leur donna toutes les explications possibles sur la construction des navires, les marées, la pêche, l'usage de la boussole, etc. Ils arrivèrent ainsi, sans s'en apercevoir, à la maison blanche que l'ex-officier s'était fait construire à deux cents pas des falaises.

— Voilà mon ermitage, dit M. Letroadec en approchant de sa petite villa. J'ai voulu la bâtir en cet endroit, afin d'avoir sous les yeux jusqu'à ma mort la vue de la mer. Et cependant tout n'a pas été joie dans ma vie de marin ! Mais, voyez-vous, plus l'homme a été malheureux, plus il semble s'attacher aux lieux où il a souffert. Ainsi le veut la Providence, et ainsi s'explique l'amour que ressentent les sauvages des contrées les plus affreuses pour le sol où ils ont vécu.

En prononçant ces mots, le vieillard s'était assis sur un banc placé à la porte de la maison et avait invité d'un geste les enfants à faire comme lui.

— Monsieur, votre conversation est très-instructive, dit tout à coup Horace; mais nous voudrions surtout vous entendre parler de vos voyages et de vos expéditions. Nous serions si heureux, au collége, de pouvoir les raconter à notre tour à nos camarades! Beaucoup d'entre eux n'ont jamais vu la mer, et ne la connaissent que par les livres.

— Vous dire ma vie entière serait peut-être un peu long, répondit M. Letroadec. Mais puisque vous paraissez tenir à la connaître, je tâcherai de me rappeler certaines circonstances qui m'ont plus frappé que le reste, et je ferai de mon mieux pour vous intéresser. Nous autres vieillards nous aimons à parler du passé; d'ailleurs, quand on est, comme moi, seul d'un bout à l'autre de l'année, on ne demande pas mieux que de rencontrer quelqu'un aveo qui l'on puisse échanger ses pensées.

Le vieillard alluma sa pipe, et commença son histoire en ces termes :

— Comme vous le voyez, mes enfants, je ne suis plus jeune; à la Saint-Michel prochaine j'aurai atteint mes soixante-six ans. Mon père habitait le village de Lochrist, que nous avons traversé en venant du Conquet, et il y exerçait la profession de pêcheur. Quant à ma mère, elle s'occupait du ménage, remaillait les filets rompus et allait vendre le poisson à Brest. Les temps étaient très-durs alors : les pauvres gens comme nous avaient de la peine à vivre : heureux quand ils avaient sur la planche un bon gros pain d'orge pour le lendemain !

Mon père était déjà âgé lorsque je vins au monde. Ce n'est qu'au retour de l'expédition d'Amérique, où il avait été blessé grièvement, qu'il s'était décidé à s'établir sur cette côte. Il s'était marié peu de mois après son arrivée, et, incapable de reprendre le service, il avait acheté de ses économies un bateau et s'était mis à pêcher.

Malgré notre pauvreté, le bonheur n'avait pas

fui de la chaumière. Quand, le soir, les deux époux calculaient, à la lueur du foyer, les profits de la journée, un rayon de joie éclairait leur visage hâlé, et ils remerciaient Dieu avec reconnaissance d'avoir béni leur travail. Mais hélas! tous les jours ne se ressemblaient pas. Le poisson n'abondait pas continuellement, et puis la tempête retenait quelquefois loin du rivage la barque, qui ne rentrait que bien avant dans la nuit. Je me souviens encore de l'inquiétude affreuse que ces retards causaient à ma pauvre mère. En entendant le bruit de la vague déferlant contre les falaises, elle s'agenouillait pieusement sur la pierre du foyer et invoquait l'appui du Ciel pour son mari; elle ne se couchait point que le pêcheur ne fût rentré et n'eût pris son repas.

Quand j'eus dix ans, mon père trouva que j'étais assez fort pour l'accompagner dans ses courses sur l'eau; il pensait qu'il était temps de m'accoutumer à la fatigue, afin que je pusse bientôt gagner moi-même ma vie; mais le curé de la paroisse, qui m'avait pris en affection et qui aimait beaucoup mes honnêtes parents, l'engagea à ne pas négliger, tout en me formant à la navigation, de me faire donner quelque instruction. Il savait que nous n'étions pas riches, et il s'offrit d'être mon maître. Chaque matin je me rendais au presbytère et je recevais du bon prêtre une leçon. J'appris d'abord à lire, à écrire et à calculer; ensuite, comme je montrais du goût et une certaine aptitude pour l'étude, j'étudiai la grammaire et j'essayai des devoirs latins. Tout cela ne m'empêchait pas de m'embarquer très-souvent avec mon père, qui me façonna vite à son métier. Au bout de quelques mois, je savais manier la rame, jeter les filets et gouverner un bateau. Ce fut un grand bonheur pour ma mère et pour moi. Mon père tomba dangereusement malade et mourut après une semaine de souffrance : le travail l'avait tué.

M. Letroadec se tut quelques instants. Les yeux abaissés vers la terre, il paraissait plongé dans ses souvenirs. Il reprit bientôt :

— J'avais seize ans; je résolus de rester auprès de ma mère, dont j'étais désormais le seul soutien, et j'essayai, par mes soins, de calmer la douleur qu'elle ressentait de cette perte cruelle; mais il est des chagrins que rien ne peut soulager; celui de la pauvre veuve était trop profond pour ne point devenir mortel. Il lui était impossible d'oublier le passé, et elle ne pouvait envisager sans frayeur l'avenir. Tôt ou tard je serais appelé à servir sur les vaisseaux de l'Etat, je partirais pour des contrées lointaines d'où je ne reviendrais peut-être pas, ou bien encore je périrais atteint d'un boulet ennemi, et elle se verrait réduite, dans sa vieillesse, à la misère et à l'abandon. Cette pensée occupait sans cesse son esprit et altérait de plus en plus sa santé; elle dépérissait à vue d'œil.

Un matin, la voyant plus abattue encore que d'ordinaire, je ne pus m'empêcher de verser des larmes. Ma mère s'en aperçut, malgré mes efforts pour les dissimuler.

— Yves, me dit-elle d'une voix douce et faible, pourquoi pleures-tu ainsi?

— Ma mère, répondis-je en sanglotant, ma bonne mère, votre douleur me fait tant de peine! On vous a dit que le gouvernement allait faire une levée de marins; l'idée de notre séparation vous tourmente, vous vous dites qu'il vous sera impossible de vivre sans moi. Hé bien! laissez-moi libre d'agir, et je ne vous quitterai pas.

— Quel est ton projet? reprit-elle en fixant ses

yeux sur les miens comme pour deviner mes intentions.

— L'Etat, répondis-je, ne peut enrôler pour le service les hommes infirmes. Il me sera facile.....

L'expression sévère que prit soudain son visage m'empêcha de continuer; elle avait tout compris.

— Mon fils, me dit-elle d'un ton grave, ce que tu proposes est une lâcheté, et tout le monde te dira qu'il n'y a jamais eu de lâche dans la famille des Letroadec. Ton grand-père mourut dans une bataille, ton père fut blessé sur la frégate où ses chefs l'avaient placé; tu ne voudrais pas nous déshonorer en refusant de t'embarquer quand le moment sera venu. Je sais que c'est ton bon cœur qui t'égare; aussi je te pardonne et je te remercie. Mais vois-tu, mon enfant, il faut chasser bien loin des pensées comme celle-là; le devoir avant tout. Tu partiras, comme les autres, avec courage, et moi je prierai le Ciel pour toi. Le bon Dieu, j'en suis certaine, écoutera mes prières et il te ramènera à Lochrist. Allons, ne parlons plus de cela. Embrasse-moi et va à ton ouvrage. Le vent se lève, la mer est belle.... Bonne pêche, et au revoir.

A partir de ce jour, je tâchai de paraître gai,

et j'eus l'air de ne point remarquer les progrès du mal. La maladie arriva à un point où les secoursde la médecine devinrent impuissants. Il n'y avait pas encore un an que j'avais perdu mon père, lorsque ma mère me fut aussi enlevée.

Nous étions en 1804. Le premier consul avait été proclamé empereur et poursuivait sans relâche ses projets de guerre contre le plus redoutable ennemi de la France. Des armements considérables se préparaient dans les trois ports de Brest, Rochefort et Toulon. Je fus appelé comme tous les marins disponibles, et embarqué, à Brest, sur une goëlette qui mit à la voile pour Toulon. Là je demandai et j'obtins de faire partie de l'équipage du vaisseau *le Neptune*, commandé par le brave capitaine Cosmao, que mon père avait connu. Ce navire faisait partie de l'escadre qui se formait dans ce port, sous les ordres de l'amiral Villeneuve. C'est à cette circonstance que je dus d'assister au trop fameux combat de Trafalgar.

L'empereur avait résolu d'opérer une descente en Angleterre : une armée de deux cent mille hommes, réunie au camp de Boulogne, n'attendait qu'un signal pour l'exécuter. Mais l'Angleterre était parfaitement gardée par ses flottes; il était donc nécessaire de détourner son attention et d'appeler sur un autre point une partie de ses forces, en inquiétant, par exemple, ses colonies d'Amérique. Les trois escadres devaient sortir des ports que j'ai dit, aller se montrer aux Antilles, s'y réunir, puis rentrer ensemble dans la Manche afin de protéger la descente. L'Espagne et la Hollande s'engageaient à nous fournir des bâtiments de guerre, avec lesquels la force de notre flotte de haut bord se trouverait portée à soixante-dix-sept vaisseaux de ligne. Les Anglais ne nous auraient guère été supérieurs en nombre : ils n'en comptaient que quatre-vingt-neuf. Mais c'étaient des navires admirablement armés, équipés, expérimentés, et il leur était facile d'en élever le nombre à cent.

L'amiral Missiessy partit de Rochefort, dans le mois de janvier 1805, pour aller dévaster les Antilles anglaises. A la fin de mars, l'amiral Villeneuve sortit, à son tour, de Toulon, et prit le chemin de l'Amérique, après avoir rallié la division espagnole. Mais l'amiral Ganteaume était toujours retenu par les vents contraires sur la rade de Brest, non loin de laquelle stationnaient une douzaine de vaisseaux anglais. Il sortait du goulet et rentrait, allait mouiller à Bertheaume (vous voyez presque d'ici le fort de ce nom), puis revenait au mouillage intérieur, se désolant de ne pouvoir gagner la pleine mer sans livrer bataille, ce qui lui était expressément défendu.

Napoléon, informé de ce contre-temps, fit parvenir à l'amiral Villeneuve l'ordre de revenir en Europe. L'amiral Missiessy était déjà de retour à Rochefort, où il s'était démis de son commandement. Son successeur dut se porter à la rencontre de l'amiral Villeneuve dans les environs du Ferrol.

Horace interrompit en ce moment l'ancien officier. — Monsieur, lui dit-il, permettez-moi de vous dire une chose qui m'étonne beaucoup.

— Parlez, mon jeune ami, répliqua M. Letroadec.

— Je ne peux pas comprendre comment vous vous rappelez d'une manière aussi précise les dates, les noms des personnages et jusqu'aux moindres détails des événements que vous racontez. Vraiment nous croirions entendre notre professeur d'histoire.

— Il ne faut pas cependant que cela vous étonne, reprit le vieux marin. Si je me souviens facilement, c'est que j'aime à relire souvent les faits qui s'accomplirent à cette époque et auxquels je pris part plus d'une fois. Le capitaine Cosmao n'était pas homme à rester en arrière lorsqu'il s'agissait de lâcher une bordée à un navire anglais. Nous nous battions comme des lions sous son commandement, et il recherchait volontiers les occasions de montrer son énergie et son talent. Mais où en étais-je de mon récit ?

— Vous alliez revenir avec l'escadre sur les côtes d'Espagne, répondirent ensemble les deux enfants.

— C'est juste. Je vous disais que l'escadre de Rochefort était allée au-devant de la nôtre dans le voisinage du Ferrol. Malheureusement pour nous, les Anglais avaient été informés du plan de l'empereur, et, quand nous arrivâmes dans ces parages, après avoir dévasté plusieurs des Antilles, nous aperçûmes vingt-un navires de guerre qui nous barraient le passage. Il fallut accepter le combat. Le 22 juillet, à une heure de l'après-midi, les deux divisions étaient aux prises. Une brume épaisse enveloppait les bâtiments et empêchait de voir un autre vaisseau que celui qu'on avait devant soi. Pendant cinq heures, la canonnade fut extrêmement vive des deux côtés. A la nuit, les Anglais se retirèrent traînant à la remorque deux de leurs vaisseaux très-endommagés par le feu. Quant à nous, nous avions peu souffert et nous étions tous prêts à recommencer le combat. Nous sûmes au point du jour que l'ennemi emmenait deux navires espagnols; un cri d'indignation s'éleva alors parmi les équipages, et, de toutes parts, on demanda à poursuivre les Anglais. L'amiral y consentit; mais le vent leur était favorable, et il nous fut impossible de les atteindre. Nous mouillâmes devant le Ferrol le 2 août; le 10, nous levâmes l'ancre. L'amiral avait l'ordre de rejoindre l'escadre de Brest et d'entrer avec elle dans la Manche; la crainte de rencontrer Nelson lui fit prendre la direction de Cadix. Ce fut la frayeur de notre commandant qui sauva, on peut le dire, l'Angleterre. La descente projetée ne put s'opérer, et Napoléon songea à se précipiter sur l'Allemagne.

Cependant notre marine ne pouvait rester inactive. L'amiral avait été averti du mécontentement de l'empereur; il résolut d'appareiller au premier vent d'est qui lui permettrait de mettre ses vaisseaux hors de rade et de se mesurer avec Nelson. Celui-ci avait appris le retour de notre escadre vers l'extrémité de l'Espagne, et il avait fait voile vers Cadix. Nous sortîmes de la rade le 20 octobre (28 vendémiaire, comme on disait alors). Nous comptions, je crois, trente-trois vaisseaux, cinq frégates et deux bricks, y compris les bâtiments espagnols. Le soir, le branle-bas de combat fut fait sur tous les navires. Dès qu'il fit jour, nous aperçûmes l'ennemi ; il se dirigeait sur nous, partagé en trois groupes. A onze heures il nous avait rejoint. Il n'avait que vingt-sept vaisseaux, mais il possédait autant de bouches à feu que nous, et dès lors une force égale. Les Anglais avaient pour eux l'expérience de la mer et l'avantage du vent ; nous avions la résolution de lutter jusqu'à la mort. La victoire devait être chaudement disputée.

On était arrivé à portée de canon. L'une des colonnes ennemies atteignit notre ligne, et le feu commença. Les deux escadres disparurent bientôt dans un nuage de fumée, d'où s'échappaient des détonations épouvantables, et autour duquel flottaient des débris de mâtures et des cadavres mutilés. C'était quelque chose d'affreux. Vous lirez vous-même quelque jour, mes enfants, les détails de ce combat, qui fut si funeste à notre marine, mais où pas un Français ne manqua à son devoir. Pour moi, je ne puis guère vous parler que de ce que j'ai vu ou des circonstances les plus importantes. L'amiral Nelson fut tué sur son banc de quart; une balle partie des hunes du vaisseau *le Redoutable* vint le frapper à l'épaule gauche et se fixer dans les reins. On l'emporta presque sans connaissance dans la pièce destinée aux blessés; il y expira peu d'instants après.

Le sort de l'amiral Villeneuve fut encore plus triste. Après avoir soutenu sur *le Bucentaure* une lutte désespérée contre plusieurs vaisseaux anglais, voyant son navire rasé comme un ponton, il voulut se jeter dans un canot et se transporter à l'avant-garde pour l'amener lui-même au combat. Mais les canots placés sur le pont du *Bucentaure* avaient été écrasés par la chûte des mâts. Aucune frégate n'osait ou ne pouvait venir prendre l'amiral. Il ne lui restait plus qu'à mourir, et il en forma plusieurs fois le vœu. *Le Bucentaure*, privé de ses mâts et criblé de boulets, ne tirait plus un seul coup de canon; ses batteries étaient démontées ou obstruées par des débris de gréments. A quatre heures un quart, aucun secours n'arrivait; l'amiral, la rage dans cœur, fut contraint d'amener son pavillon. Une chaloupe anglaise vint le chercher et l'emmena à bord du vaisseau *le Mars*.

Le combat se prolongea encore plus d'une heure, avec un acharnement dont on se fait difficilement une idée, si l'on n'a assisté à ces sortes de duels entre deux vaisseaux. Il n'y avait plus de ligne de bataille. Chaque navire s'attachait aux flancs d'un navire ennemi et ne l'abandonnait que quand lui-même était réduit par un autre à l'impuissance de se défendre. *Le Pluton*, sur lequel j'étais embarqué, comme je vous l'ai dit, se fit remarquer entre tous, par son habile et brillante conduite. Il cribla de coups *le Mars*, lui coupa deux mâts et le mit dans l'impossibilité de manœuvrer; mais ce ne fut pas sans qu'il lui en coûtât cher : il perdit plusieurs officiers et beaucoup de matelots. Je fus blessé moi-même dans cette affaire, ce qui me valut un peu plus tard, mon peu d'instruction aidant, le grade d'enseigne, pour lequel le capitaine Cosmao me proposa à la première occasion.

A cinq heures du soir, tout était fini. Dix-sept vaisseaux français et espagnols étaient devenus prisonniers des Anglais, un seul avait sauté. Nous avions perdu six à sept mille hommes. Ce triomphe avait été chèrement acheté par l'ennemi. Presque tous ses navires étaient démâtés, et quelques-uns mis hors de service pour toujours. Il avait à regretter un grand nombre de ses marins, et surtout l'illustre Nelson, qui valait une armée. Comme le dit un de nos écrivains les plus éminents, si les Anglais montrèrent de l'habileté et de l'expérience, nous eûmes la gloire d'une défaite héroïque, sans égale dans l'histoire.

La nuit s'éleva une tempête qui changea la position des équipages et des navires capturés. La plupart de ces navires parvinrent à échapper à ceux qui les remorquaient; mais hélas! plusieurs sombrèrent, incapables de gouverner, et se brisèrent sur les récifs qui avoisinent le cap Trafalgar. Le capitaine Cosmao voulut achever l'œuvre de la tempête. Voyant que les vaisseaux ennemis, contrariés par les vents, ne pouvaient regagner Gibraltar, il sortit de Cadix avec une petite division qui s'était réfugiée dans ce port et s'approcha de la flotte anglaise. L'amiral Collingwod lâcha ses prises afin de soutenir plus aisément l'attaque. Nos frégates profitèrent de cette circonstance pour saisir et remorquer deux vaisseaux espagnols, et nous rentrâmes avec eux à Cadix. L'amiral anglais, craignant d'être poursuivi, en brûla lui-même cinq; deux autres lui échappèrent encore pendant la nuit, en sorte qu'il arriva à Gibraltar, emmenant seulement quatre prises sur dix-sept, dont une française et trois espagnoles.

Telle fut, mes enfants, la bataille de Trafalgar. L'Europe entière rendit justice au courage malheureux. L'énergie dont avaient fait preuve nos marins, surtout ceux qui montaient le *Redoutable*, l'*Algéciras*, l'*Achille* et le *Pluton*, montrait ce qu'auraient pu faire des hommes éprouvés à la mer et formés par des croisières fréquentes. Mais il est temps d'en finir avec ces souvenirs douloureux. Un autre jour vous reviendrez me voir, et, si cela vous intéresse, je vous dirai ce que je devins ensuite.

— Oh! merci, monsieur, répondit Ludovic. Nous profiterons avec le plus grand plaisir de votre complaisance et nous vous en serons bien reconnaissants.

A ces mots, les deux cousins prirent congé du vieillard et s'en retournèrent au Conquet.

CHAPITRE III

Brûlots anglais à Rochefort. — Expédition d'Alger.

Les deux enfants avaient écouté avec trop d'intérêt le récit de l'ancien officier pour ne point désirer vivement entendre la suite de son histoire. Deux jours après, ils obtinrent de Mme de Kerdoret la permission d'aller de nouveau le trouver. M. Letroadec les accueillit avec un sourire de bonté, et, devinant leur pensée, il se prépara à continuer son rôle de narrateur. Le temps continuait d'être fort beau ; il s'assit entre eux, sur le banc que nous connaissons, à la porte de sa demeure, et alluma, selon son habitude, la pipe qui ne le quittait jamais. La manière dont il s'y prit étonna quelque peu les enfants. Au lieu de se servir d'une allumette, il tira de sa poche un petit baril et un briquet. Il ouvrit le baril, et, tenant au-dessus avec le pouce un morceau de silex, il battit du briquet la pierre à fusil. Des étincelles en jaillirent et tombèrent dans le baril, au fond duquel elles mirent le feu à de petits morceaux de bois morts. Le vieux marin coiffa ensuite sa pipe de cette sorte de chapeau ; la fumée s'en échappa immédiatement. Puis, il referma soigneusement le petit baril, et, out en aspirant de fortes bouffées, il reprit le récit de l'avant-veille.

— J'avais reçu, vous ai-je dit, à Trafalgar une blessure qui nécessita mon entrée à l'hôpital de Cadix. J'y restai plusieurs mois. A ma sortie, j'obtins un congé de convalescence, et je revins à Brest, sur une frégate envoyée en mission dans ce port. Je n'avais plus de parents à Lochrist; j'allai demander l'hospitalité à un oncle qui habitait Plougastel, presque sur les bords de la rade. Le brave homme n'était pas riche; il vivait avec beaucoup d'économie des produits d'une petite terre qu'il avait affermée. Il ne m'en reçut pas moins, ainsi que sa femme, avec cordialité, et tous deux insistèrent pour que je passasse chez eux le temps de mon congé. Je n'eus garde de refuser cette offre faite de si bon cœur, et je m'installai sans façon chez mes parents. Pour me distraire, et aussi pour me rendre utile, je me procurai des filets, et, presque tous les soirs, j'apportais à la maison quelques beaux poissons pour le lendemain.

Deux années s'écoulèrent ainsi; j'aimais cette existence paisible; j'aurais voulu, je crois, qu'elle se prolongeât éternellement. Il est si doux de se sentir aimé sincèrement, d'oublier au foyer de la famille les agitations de la vie militaire, les dangers de la navigation et des combats! mais il y a une fin à tout en ce monde. Le jour arriva où il fallut quitter mes filets et dire adieu à mes vieux amis. Au mois de juillet 1807, je fus rappelé à Brest. L'empereur avait des vues sur la Méditerranée, dont la possession devait le dédommager de la perte de l'Océan. On pressait dans tous les ports la construction de nombeux navires, destinés à seconder les projets de Napoléon contre la Sardaigne, la Sicile et les îles Ioniennes. Mais les affaires avaient changé de face; les Espagnols, devenus nos ennemis, attaquèrent, sur ces entrefaites, notre flotte laissée dans le port de Cadix, et forcèrent l'amiral Rosily, que ne put soutenir à temps le général Dupont, à amener son pavillon. Nos marins furent constitués prisonniers de ceux qui les avaient si mal secondés à Trafalgar. Les Espagnols leur faisaient payer l'envahissement de leur pays. Cette nouvelle, vous le comprenez, produisit à Brest, comme partout, une impression profonde. Nous aurions voulu pouvoir venger nos camarades sur les Anglais, à qui nous devions le nouveau malheur de Cadix.

Arriva le printemps de l'année 1809. L'empereur n'ignorait pas que l'Angleterre songeait à attaquer plusieurs points de notre littoral, et surtout Rochefort et Anvers. Rien ne fut négligé pour mettre les côtes à l'abri de ces attaques. Je fus embarqué, en qualité d'enseigne sur une frégate qui alla rejoindre l'escadre réunie à l'île d'Aix, sous les ordres de l'amiral Allemand. Les Anglais, décidés à détruire nos vaisseaux sur rade, n'avaient pas hésité à sacrifier trente navires, qu'ils avaient transformés en brûlots, et ils se préparaient à mettre à exécution ce projet sans exemple dans les annales de la marine. Notre amiral prit toutes les dispositions pour éviter cette catastrophe. Dans la nuit du 11 au 12 avril, nous les vîmes s'avancer en plusieurs divisions avec l'intention manifeste d'envelopper notre escadre. Ils lancèrent bientôt à la fois trente brûlots. Ce fut un spectacle épouvantable. Chaque capitaine, pour sauver son navire, dut rompre ses cadres et aller s'échouer à la côte : de cette manière, les trente brûlots sautèrent inutilement. Malheureusement, quatre de ceux qui avaient échoué sur les rochers, à l'entrée de la Charente, et dont les officiers avaient, par précaution, jeté les poudres à la mer, de peur d'explosion, furent attaqués par les Anglais, qui y mirent le feu. Les autres remontèrent la rivière et furent désarmés. Les Anglais, furieux de n'avoir pas réusssi, préparèrent une autre expédition contre Anvers. Je ne fis point partie des hommes qui furent envoyés pour les combattre. Ma santé n'était pas bonne, et je restai attaché au port de Rochefort jusqu'en 1830. C'est à cette époque, vous le savez, que commença la guerre d'Afrique. Notre marine avait pris depuis quinze à dix-huit ans un développement considérable ; elle avait figuré avec le plus grand honneur au combat de Navarin, on avait le droit de compter sur elle dans cette circonstance. Mais son rôle ne pouvait être et ne fut que secondaire. Deux ou trois combats, livrés par notre armée, contre les Arabes et les Turcs, suffirent pour mettre en notre puissance la ville qui était devenue depuis si longtemps un repaire de forbans.

— M. Letroadec, interrompit Horace, vous serez bien aimable de nous faire connaître la cause de cette guerre. J'ai entendu vaguement parler d'un coup d'éventail donné par le dey d'Alger à notre consul ; mais je ne sais rien autre chose à ce sujet.

— Mon ami, repartit l'ancien officier, je me ferai un plaisir de satisfaire votre désir. Autant, ajouta-t-il, je déteste les bavards qui me fatiguent de leurs questions sans me laisser le temps de leur répondre, autant j'aime à donner des explications utiles sur les événements que je connais, quand je trouve des auditeurs attentifs et intelligents comme vous l'êtes tous les deux. Voici donc quelle fut l'occasion qui amena la prise d'Alger.

Depuis bien des années, cette ville était le refuge de nombreux corsaires qui capturaient les navires du commerce et vendaient comme esclaves les hommes des équipages. La France, l'Amérique, l'Angleterre avaient dû successivement faire la guerre au dey, qui autorisait la piraterie, et lui imposer des traités qu'il n'observait jamais scrupuleusement. A l'arrivée de Hussein au pouvoir, l'audace des forbans, surtout à l'égard des navires français, devint excessive. Un de nos bricks fut pillé par les habitants de Bone; notre établissement de la Calle fut dévasté. Le dey porta à deux cent mille francs la redevance de soixante mille que nous payions pour la pêche du corail; il laissa violer le domicile de notre agent à Bone et refusa d'accorder la moindre réparation pour les navires capturés. Une circonstance ne tarda point à venir précipiter sa chute et à nous donner nos belles colonies d'Afrique.

Il était dû par la France à la maison Barri d'Alger une somme de sept cent mille francs pour des fournitures de grains faites pendant la république. Mais comme cette maison avait des créanciers en France, le gouvernement attendait pour payer que les tribunaux eussent jugé l'affaire. Hussein, créancier lui-même de la maison Barri, voulait que cet argent fût remis entre ses mains, et écrivit directement à ce sujet au roi Charles X.

Le roi ne crut pas devoir lui répondre. Le 30 avril 1829, veille de la fête du Beyram, M. Deval, notre consul, alla complimenter le dey selon son usage. Hussein lui demanda s'il avait reçu une lettre du roi pour lui, et sur sa réponse négative, il le frappa publiquement au visage de son éventail de plumes de paon. Le consul lui fit observer que c'était à la France que s'adressait cette insulte. Mais le dey, au lieu de se calmer et de réfléchir aux conséquences qu'aurait sa conduite, ordonna insolemment à M. Deval de quitter la salle d'audience.

Je n'ai pas besoin de vous dire, mes enfants, l'impression que produisit en France la nouvelle d'un pareil outrage. Le gouvernement rappela son représentant. M. Deval et tous nos compatriotes résidant à Alger s'embarquèrent, le 15, sur la goëlette *la Torche*. L'établissement de la Calle fut évacué, une escadre de quinze bâtiments commença le blocus de la ville et des côtes. Le vaisseau *la Provence* fut chargé d'aller porter au dey des conditions de paix; mais Hussein les rejeta, et bien plus, sans aucun respect pour le drapeau parlementaire, il donna l'ordre au commandant des batteries du port de canonner le vaisseau au moment où il se retirait. Le cœur de nos marins fut profondément blessé de cet acte de lâche agression. Il fallait une vengeance éclatante.

Une armée de trente-cinq mille hommes fut organisée sans retard, et placée sous les ordres du comte de Bourmont, ministre de la guerre; le vice-amiral Duperré reçut le commandement de la flotte. Le 30 avril 1830, un an, jour pour jour, après l'insulte faite à notre consul, les troupes étaient réunies à Toulon et dans les campements voisins, et on les exerçait aux manœuvres nécessaires pour une guerre dans un pays où l'on ne combattait pas à l'européenne. Le 11 mai, la flotte était mouillée sous le port, prête à appareiller. Les populations du Midi témoignaient le plus grand enthousiasme; on allait voir refleurir dans la Méditerranée le commerce, auquel la piraterie, organisée par le dey, était si funeste depuis longtemps.

L'amiral Duperré s'attendait à rencontrer de grands obtacles pour le débarquement; il prit ses mesures en conséquence. Les navires de guerre formeraient les trois escadres de bataille, de débarquement et de réserve; on désigna sous le nom de convoi les bâtiments de commerce affectés aux vivres, la flottille devait effectuer le transport des soldats.

Le 17, toutes les troupes étaient embarquées; mais des vents contraires s'opposèrent pendant huit jours au départ. Enfin, la flotte mit à la voile le 25, dans l'après-midi. Le 30 au soir, on n'était plus qu'à quelques lieues d'Alger, quand le temps contraignit l'amiral d'aller relâcher à Palma. Nous y restâmes jusqu'au 10 juin, faute de vent: je dis nous, car j'avais saisi avec bonheur l'occasion de rentrer dans le service actif, et j'étais sur une des frégates de la flotte. Le 14, à trois heures du matin, nous étions en vue de la pointe de Sidy-Ferruch. Le débarquement s'opéra avec une promptitude admirable, et le drapeau français fut planté, après une lutte de quelques heures, sur ces rivages où devaient flotter désormais nos couleurs.

Le 18, le général en chef apprit que les Turcs devaient nous attaquer le lendemain. Cette nouvelle était fondée. Le 19, au soleil levant, l'ennemi se précipita sur nos avant-postes et soutint un combat des plus meurtriers. Mais bientôt nos troupes s'élancèrent hors de leurs retranchements et les mirent en déroute en un clin d'œil. Une série d'engagements dans lesquels ils furent constamment victorieux, conduisirent, les jours suivants, nos valeureux soldats jusque sur les hauteurs de Boujaréah, qui dominent Alger et la mer. A la vue de la ville, l'armée entière poussa un cri d'espérance et d'admiration. Le général sut tirer parti de l'élan des hommes et donna l'ordre d'assiéger immédiatement le fort l'Empereur, en avant de la place. Les opérations furent poussées avec vigueur et intelligence. Le 4 juillet, une explosion formidable se fit entendre, les défenseurs du fort venaient de faire sauter la grosse tour et étaient rentrés dans Alger. Hussein ne pouvait contenir sa colère, il ne parlait de rien moins que de s'ensevelir sous les ruines de la ville. La milice s'opposa à son dessein et le décida à demander une capitulation. Quelque dures que lui parussent les conditions dictées par le vainqueur, le dey s'y soumit, et l'armée fit son entrée à Alger le jour même à midi.

Le 10 juillet, Hussein-Pacha quitta l'Afrique avec le personnel de sa maison, sur la frégate *la Jeanne d'Arc*, et se dirigea vers Naples. Il se rendit plus tard à Livourne, puis à Paris, et finit par aller se fixer à Alexandrie, où il mourut en 1838. Peu de jours après la prise d'Alger, Charles X partait lui-même pour l'exil, et le général Clauzel venait remplacer le général Bourmont.

Une partie des navires de la flotte regagnèrent les ports de France. Je revins à Brest et j'obtins un congé de quelques mois. J'en profitai pour mettre à exécution un projet que je nourrissais depuis plusieurs années. Un de mes amis, qui avait renoncé à la marine et était devenu un riche propriétaire, habitait alors Laval. Au retour de chacune de mes campagnes, il m'invitait à aller me reposer dans sa famille, promettant de me distraire et de me promener dans les environs. Je voulus cette fois répondre à son invitation. Après avoir accordé quelques jours à mes bons et vieux parents de Plougastel, je fis mes préparatifs de voyage. Mon intention n'était pas de me rendre directement à Laval; je tenais à m'arrêter dans quelques villes de la côte, où je ne manquerais pas de rencontrer des marins que j'avais connus au service. Je pris, comme l'on dit, le chemin des écoliers. Je visitai successivement Saint-Pol-de-Léon, avec le Kreisker, ce clocher merveilleux, qui, de sa flèche de trois cent soixante-dix pieds, domine la cathédrale elle-même; Morlaix, au fond d'une jolie vallée, avec ses paisibles caboteurs endormis sur son canal; Treguier, Lannion, Saint-Brieuc, charmants petits ports où grandit toute une génération d'intrépides matelots; Saint-Malo, qui vit naître les marins Jacques Cartier et Duguay-Trouin, Duclos, Broussais, Lamennais et l'illustre auteur du *Génie du christianisme*.

Je traversai Avranches, Caen, le Hâvre, Rouen, et j'arrivai à Paris, où je séjournai plusieurs semaines; puis je me dirigeai vers Laval.

M. Roscoët (c'est le nom de mon ami) me reçut avec joie et me traita comme un frère; sa femme, ses deux fils eurent pour moi tous les égards possibles. On me laissa libre de disposer de mon temps comme je l'entendrais; je me trouvai très-heureux. Nous étions au mois d'octobre, c'est-à-dire à l'époque de la chasse. Le matin, quand M. Roscoët n'était pas retenu à la maison par ses affaires, nous partions le fusil sur l'épaule, suivis d'excellents chiens, et nous allions faire une battue à plusieurs lieues de Laval. Il était rare que nous revinssions le carnier vide, et que nous ne fussions pas félicités, à notre retour, par Mme Roscoët. C'était pour elle une occasion d'inviter à diner quelques personnes et de me procurer ainsi de nouvelles distractions. On ne manquait pas de m'interroger, à table, sur la marine; je répondais de mon mieux, et nous passions une soirée des plus agréables.

Un jour, mon ami me proposa de visiter un couvent de trappistes, situé à peu de distance de Laval, sur la route de Châteaugontier. J'acceptai cette offre, et nous convînmes d'un jour pour cette excursion.

M. Letroadec se leva en ce moment, et, tirant sa montre, — Mes enfants, dit-il, il faut que je vous laisse; une affaire m'oblige à rentrer au logis.

— C'est bien fâcheux, repartit Horace. L'histoire de votre voyage à la Trappe doit être si intéressante! Comme nous aurions eu du plaisir à l'écouter!

— Ce qui est différé n'est pas perdu, repartit le marin. J'irai après-demain au Conquet et je ferai une visite à madame votre tante. Si vous êtes chez vous quand je me présenterai, je vous promets de vous parler des Trappistes.

— Merci, monsieur, répondirent les enfants, pour nous et aussi pour Mme de Kerdoret, car elle sera aussi heureuse que nous de vous entendre.

Ils tendirent la main à leur vieil ami et partirent.

CHAPITRE IV

Une visite à la Trappe.

M. Letroadec se présenta chez Mme de Kerdoret le jour qu'il avait dit. Cette dame tenait à le remercier de sa bienveillance pour les jeunes collégiens; elle l'accueillit le plus amicalement du monde. Il eut beau prétexter des affaires pour ne point accepter à dîner; on le retint malgré lui, et ce fut à table qu'il entama l'histoire dont le titre avait si vivement piqué la curiosité des enfants.

Mme de Kerdoret fut la première à lui rappeler sa promesse.

— Monsieur, lui dit-elle quand on fut au dessert, je sais avec quelle complaisance vous voulez bien raconter à mon fils et à mon neveu quelques-uns des événements si intéressants de votre carrière ; je vous en suis très-reconnaissante. Ces récits sont pour eux des leçons très-utiles. Il est bon que les jeunes gens se familiarisent vite avec l'idée du danger, qu'ils sachent ce qu'il faut à l'homme de courage et d'énergie pour triompher des obstacles et se créer une position honorable. Vous leur avez aussi parlé, je crois, d'une visite chez les Trappistes. Je ne vous cache pas que je partage leur désir de connaître l'existence vraiment extraordinaire de ces religieux, si rien ne vous force à nous quitter encore, je serais très-heureuse de vous entendre.

— Madame, répondit M. Letroadec, je ne me flatte pas d'être un conteur habile. Mais, puisque vous le désirez, je vous dirai très-volontiers ce que j'ai vu dans un de leurs monastères.

J'ai lu quelque part que l'abbaye de la Trappe fut fondée au XIIe siècle par Rotrou, comte de Perche, sur le territoire qui forme aujourd'hui le département de l'Orne. L'ordre s'étant relâché peu à peu, le célèbre abbé Armand Jean Le Bouthilier de Rancé entreprit, en 1662, d'y faire refleurir les anciennes coutumes. Après avoir passé la première moitié de sa vie dans le monde, il vint, à la mort de Mme de Montbazon, ensevelir sa douleur dans le silence du cloître, et il mourut comme les autres moines, couché sur la paille et sur la cendre.

On m'avait bien souvent entretenu de ces hommes qui vivent entièrement morts au monde et s'éteignent inconnus, sans qu'aucun bruit du dehors soit parvenu à leurs oreilles depuis leur entrée dans le couvent. On m'avait parlé de la fosse creusée chaque jour par le trappiste, de la tête de mort suspendue dans sa cellule, de mille autres choses auxquelles j'avais peine à croire. Je n'étais pas fâché de m'assurer par moi-même du plus ou moins de vérité de ce qu'on avançait à cet égard. Je saisis avec empressement l'occasion de pénétrer dans l'une de leurs maisons.

Les enfants vous ont peut-être dit, madame, que, vers la fin de 1830, je passai un mois chez un de mes amis, à Laval. Ce fut lui qui m'engagea à faire cette excursion. Nous partîmes par une froide matinée d'octobre et nous prîmes la route de Château-Gontier. Nous atteignimes promptement le village d'Entrammes, situé à deux ou trois lieues de la ville; dix minutes après, nous sonnions à la porte du monastère.

Le portier vint nous ouvrir. Il était vêtu d'une grossière robe de bure d'une couleur sombre, surmontée d'un capuchon ; un cordon lui ceignait les reins, sa tête était complétement rasée.

A peine étions-nous entrés dans la cour, qu'il se prosterna à nos pieds et baisa notre chaussure. Jamais je n'oublierai ce que je ressentis à la vue de cet homme s'abaissant ainsi devant ses semblables, et se déclarant par cette humble attitude le serviteur de l'hôte que le Ciel lui envoie. J'étais mille fois plus ému qu'en entendant le branle-bas du combat.

Nous lui fîmes connaître notre intention de demeurer quelques heures dans le couvent. Il nous invita à le suivre jusqu'à la salle des voyageurs, où le frère hôtelier, qui a seul le droit de parler aux étrangers, ne tarderait pas à nous rejoindre ; ce frère était en ce moment à la chapelle.

Le portier se retira, et nous restâmes seuls dans la salle. Les chants des moines nous arrivaient distinctement. Nous aimions à entendre ces voix fraîches et fortes que donnent la solitude et une vie frugale; ces voix allaient à l'âme et y éveillaient des sensations inconnues. Bientôt tout se tut autour de nous; nous nous mîmes à examiner la pièce où nous attendions. Un grand feu brillait dans le foyer; quelques chaises et une table composaient tout l'ameublement. Aux murailles étaient suspendues, je ne dirai pas des cadres, mais de simples cartons, sur lesquels se lisaient des inscriptions diverses, rappelant toutes la brièveté de la vie, la vanité des biens et des joies de la terre.

Un quart d'heure s'écoula, après lequel nous vîmes entrer un religieux; nous comprîmes que nous étions en présence du frère hôtelier. C'était un personnage d'environ quarante ans, d'une physionomie agréable; il s'exprimait avec beaucoup d'aisance; ses manières étaient celles d'un homme du monde. Il était évident qu'avant de prononcer ses vœux il avait dû vivre dans une sphère élevée, occuper peut-être une haute position.

Le père hôtelier ne nous donna pas le temps de nous livrer à son sujet à de longues réflexions. Après nous avoir adressé quelques questions insignifiantes, il se mit grâcieusement à notre disposition pour la visite du monastère. Nous acceptâmes sa proposition en le remerciant.

De la fenêtre près de laquelle nous étions

assis, il nous fit remarquer les riches et verdoyantes campagnes que traverse la Mayenne et que fertilisent les sueurs des religieux; puis il nous invita à le suivre dans le couvent.

Nous nous dirigeâmes d'abord vers la chapelle. Cinq ou six moines étaient restés après l'office dans le saint lieu. Les uns étaient prosternés la face contre terre; d'autres se tenaient immobiles, appuyés contre des piliers. Nous en vîmes qui, à notre approche, se couvrirent la tête d'un pan de leur robe. Voulaient-ils réprimer en eux jusqu'au moindre mouvement de curiosité, ou craignaient-ils que la vue de deux étrangers ne réveillât dans leur cœur le souvenir, difficilement éteint, du monde où ils avaient laissé sans doute des personnes bien chères? Qui eût pu le dire? Mais la vue de ces hommes vénérables, méditant ainsi en face de l'Eternel, nous impressionna fortement. C'est à peine si nous remarquâmes les sculptures délicates du chœur et de l'autel. Cet autel est de chêne; six chandeliers de cuivre, un crucifix et une lampe de même métal en font le seul ornement. Tout, dans cette chapelle, a un aspect sévère, en harmonie avec les habitudes et le costume des religieux.

En sortant de la chapelle, nous nous rendîmes au cimetière. Là, point de pompeux ornements, point d'épithètes fastueuses. De simples croix de bois, sur lesquelles on distingue un nom et une date, annoncent seules le lieu où dorment ceux des frères dont la carrière est achevée, et qui ont acheté le repos par tant de prières et de fatigues. Une fosse toujours ouverte attend celui des moines que la mort frappera le premier. Mais il est faux que chacun creuse chaque jour la sienne, ainsi que certains écrivains l'ont prétendu.

Nous avions le cœur serré en sortant du cimetière. Le frère hôtelier s'aperçut de l'effet que produisait sur nous la vue de ce dont nous étions témoins, et, pour dissiper notre tristesse, il se mit à nous entretenir des travaux des religieux. Nous passions alors devant de longs édifices qui servent d'ateliers, nous y entrâmes. Ici l'on confectionnait des vêtements, là des chaussures; ailleurs des harnais pour les chevaux ou des instruments aratoires. Les moines qui ne savent pas de métier vont aux champs, labourent, soignent les troupeaux. Quant à ceux que l'on désigne sous le nom de pères, prêtres pour la plupart, et tous instruits, ils se livrent à des travaux intellectuels et s'occupent de ce qui concerne le culte. Quelques-uns même écrivent : les œuvres du baron de Géramb jouissent d'une réputation méritée. Tous ces pères sont vêtus d'une robe blanche, de la même étoffe que celle des autres; leur tête n'est rasée qu'à la partie supérieure.

Comme nous traversions la cour pour gagner le réfectoire, nous eûmes sous les yeux un spectacle qui nous toucha beaucoup. Le frère portier la traversait en ce moment de son côté. Il portait un fusil sur son épaule et tenait à la main un havresac de soldat. J'allais demander l'explication de ce que je voyais, quand j'aperçus, à quelques pas de lui, un militaire qui le suivait en boîtant. La fatigue avait surpris cet homme en route; il avait été contraint de rester en arrière, et, incapable d'aller dans la soirée jusqu'à Laval, où devaient coucher ses camarades, il était venu frapper à la porte du couvent. Il savait que là il pouvait se reposer plusieurs jours et profiter d'une hospitalité gratuite, accordée avec le même empressement au pauvre et au riche. Les Trappistes, en effet, ont toujours des chambres prêtes pour recevoir les étrangers, et ils traitent leurs hôtes avec une sorte de luxe qu'on ne s'attendrait guère à rencontrer chez des religieux dont la vie est si austère.

Le réfectoire était à deux pas. Rien dans cette salle ne nous frappa d'abord. Des tables avec des bancs pour les simples religieux, une table plus petite destinée aux pères, tout cela donnait à cette pièce un air de ressemblance parfaite avec les réfectoires de colléges. Mais, en passant près de la petite table, nous vîmes, à la place du supérieur, un marteau de bois. Comme nous le regardions avec quelque surprise, le frère hôtelier voulut bien nous en expliquer l'usage. C'est avec ce marteau que le supérieur annonce le commencement et la fin du repas. Les moines ne mangent qu'après le coup de marteau, ils cessent au même signal. Bien plus, toutes les fois que ce signal se fait entendre, ils s'arrêtent, chacun dans l'attitude où il se trouve, jusqu'à ce que le supérieur leur permette de continuer. Il ne faut pas que cela surprenne; la patience, la soumission sont des vertus qui ont atteint chez les trappistes les dernières limites. Il va sans dire qu'ils ne prononcent pas une parole à table, non plus que dans n'importe quel autre moment de la journée, à moins de nécessité absolue.

Il nous restait à visiter le dortoir; en quittant le réfectoire nous y montâmes. Nous n'y trouvâmes point encore tout ce qu'on nous avait dit. Figurez-vous une pièce immense, divisée en un grand nombre de cellules, que des cloisons de six à sept pieds de haut séparent les unes des autres. Dans chaque cellule est une couchette très-basse, avec un matelas et une couverture semblable à celle des lits militaires. Une chaise et un crucifix complètent ce modeste mobilier. Le linge est inconnu aux religieux; ils le réservent pour les étrangers.

La visite du couvent avait duré plusieurs heures. Nous tenions à rentrer avant la nuit à Laval, et nous nous excusâmes de ne pouvoir aller visiter aussi les travaux des champs. Nous remerciâmes le frère hôtelier de la complaisance qu'il avait mise à nous donner tous les renseignements possibles, et, déposant une offrande dans un tronc fixé près de la salle des voyageurs, nous le priâmes de recevoir nos adieux. Il voulut nous accompagner jusqu'à la porte du couvent. Tout en nous reconduisant, il nous dit quelques mots des revenus de la maison. Ces revenus, hélas! sont tellement minimes qu'on peut à peine y croire. Vous me demanderez sans doute comment de si faibles ressources peuvent suffire à l'entretien d'un homme; elles y suffisent cependant. Tout se confectionne dans le couvent. Les moines défrichent des terrains jusque là improductifs, et ils ne se nourrissent que de légumes. J'ajouterai, à propos de leur nourriture frugale, que le pain leur est mesuré : ce qui ne les empêche pas de prélever sur leur ration la part qu'ils destinent aux malheureux. Nous vîmes en sortant plus de soixante pauvres, femmes, vieillards, enfants, qui attendaient la distribution habituelle des vivres.

Nous quittâmes la Trappe à trois heures du soir, emportant dans notre cœur des souvenirs qui ne s'effaceront jamais de ma mémoire. Je me rappelle encore, comme si c'était d'hier, ces religieux errant silencieusement sous les cloîtres et s'inclinant, sans nous regarder, quand ils nous rencontraient; je me souviens encore des croix du cimetière, des chants graves de la chapelle. Tout cela m'est resté présent à l'esprit, et voilà pourquoi, madame, je puis, après tant d'années, vous en parler comme de choses tout à fait récentes.

— Votre récit nous a extrêmement intéressés, s'empressa de répondre Mme de Kerdoret; au point que s'il m'est possible, en retournant à Paris, de m'arrêter à Laval, je veux moi-même faire le voyage de la Trappe.

— Les femmes ne sont point admises à visiter le couvent, repartit M. Letroadec : la règle à ce sujet est inflexible; mais les enfants obtiendront d'y entrer.

— Nous verrons, reprit Mme de Kerdoret. Je ne sais pas encore quand nous partirons et quand il faudra que nous soyons à Paris; peut-être n'aurons-nous pas le temps de nous arrêter en route. J'attends une lettre de mon mari à cet égard. En tout cas, le jour de la rentrée des classes approche, et vos jeunes gens devront bientôt songer à faire leurs préparatifs en conséquence. Je pense qu'ils se remettront au travail avec courage. Grâce à vous, monsieur, le séjour du Conquet ne leur a pas semblé ennuyeux, ils aimaient beaucoup votre conversation, et ils ont largement profité de votre obligeance.

— J'espère bien, madame, que je les verrai

encore plus d'une fois avant qu'ils s'en aillent. Je désire qu'ils connaissent mon histoire d'un bout à l'autre, et je les attendrai demain si aucun empêchement ne me prive de leur visite.

— Oui, à demain, répondirent Horace et Ludovic.

M. Letroadec prit congé de Mme de Kerdoret, embrassa cordialement les deux enfants et reprit le chemin de sa maison.

CHAPITRE V

Un naufrage.

Les jeunes enfants retournèrent le lendemain, comme il était convenu, chez leur excellent ami; ils le trouvèrent soucieux et fatigué.

— Qu'avez-vous donc, M. Letroadec, demanda Ludovic, seriez-vous souffrant ?

— Oh! ce n'est rien, répondit-il, j'ai peu reposé cette nuit, voilà ce qui me donne un peu de lassitude; une promenade me remettra. Si vous voulez, nous irons prendre l'air sur les falaises; nous causerons en marchant.

— Nous ne demandons pas mieux, répondirent les enfants, et tous les trois se dirigèrent du côté de la plage.

Après un moment de silence, M. Letroadec étendit la main vers des rochers situés à une lieue environ du village. — Voyez-vous, dit-il, ces récifs contre lesquels la mer moutonne? Ils ont failli devenir cette nuit le tombeau de plusieurs pêcheurs. Leur bateau avait été surpris par un grain près de l'île Ouessant, et en cherchant à revenir à la côte, ils ont été précipités sur ces écueils. Leur barque faisait eau, et leur situation était devenue des plus critiques, quand un douanier aperçut leurs signaux de détresse. Il accourut chez moi et m'avertit de ce qui se passait. Je me levai aussitôt, et je me jetai dans un canot, avec deux matelots qui sont mes voisins. Nous eûmes le bonheur de recueillir ces malheureux et de les déposer à terre sains et saufs. Ils sont sauvés, c'est vrai, mais le bateau qui était leur gagne-pain n'existe plus! Enfin, ajouta le vieux marin d'un air pensif, nous verrons ce qu'on pourra faire pour eux.

— Combien vous êtes courageux et bon! dit Horace en saisissant les mains de l'ancien officier.

— Cela ne vaut pas la peine d'en parler, repartit le brave homme; tout autre à ma place en eût fait autant. Quand on a vu de près, comme moi, les horreurs du naufrage, on ne peut s'empêcher de voler au secours des gens en péril.

— Vous avez donc fait naufrage, M. Letroadec? demanda Ludovic.

— Une fois, répondit-il, et c'est un des événements les plus terribles auxquels j'aie jamais assisté. La guerre avec ses dangers, l'abordage avec ses fureurs n'ont rien de comparable avec la position d'infortunés qui se voient descendre lentement dans l'abîme, sans aucune espérance de secours, ou qui, entassés dans une étroite chaloupe, errants au gré des vagues et des vents, se trouvent réduits, pour prolonger leur vie de quelques jours, à dévorer jusqu'à leurs vêtements et à se manger les uns les autres. Ah! c'est surtout dans ces luttes contre les éléments que l'homme a besoin de cette énergie, de cette résignation par lesquelles il devient mille fois plus admirable à nos yeux que par sa bravoure sur les champs de bataille. Asseyons-nous sur ce gazon, ajouta M. Letroadec en désignant du doigt un petit tertre couvert d'une herbe peu haute émaillée de romarin, et je vous raconterai un de ces drames maritimes auxquels il est réellement difficile de croire.

J'étais revenu à Brest à l'expiration du congé que j'avais passé en grande partie à Laval. Je fus attaché aux travaux du port en qualité de lieutenant de vaisseau, et j'y restai jusqu'en 1835. On armait, à cette époque, une frégate destinée à faire un voyage de circumnavigation. Comme je n'avais jamais voyagé dans les mers du Sud, je cédai au désir de voir les côtes d'Asie et je demandai à faire partie de l'expédition. Ma demande fut accueillie favorablement.

Après avoir doublé sans encombre le cap de Bonne-Espérance, et visité nos colonies des Indes, nous franchîmes le détroit de Malaca et nous entrâmes dans le grand Océan.

Nous allions passer sous la ligne, nous dirigeant vers la Californie, quand un violent incendie éclata à notre bord. Le capitaine vit du premier coup d'œil qu'il serait impossible de maîtriser le feu ; les flammes allaient bientôt gagner les poudres. Il ordonna d'ouvrir de larges voies d'eau dans le pont. Les flots se précipitèrent avec impétuosité dans la frégate et parvinrent à arrêter les progrès du feu. Mais ce fut un autre danger :

chacun comprit que le navire ne pouvait tarder à s'ensevelir dans la mer.

Alors commença une scène d'horreur qui dépasse tout ce que je pourrais dire, et où se révélaient, selon les caractères différents, le courage et la faiblesse, la résignation et le désespoir. Imaginez plus de deux cents hommes (nous avions déjà perdu beaucoup de monde par les maladies) en présence d'une mort à peu près certaine, songeant à leur pays, à leur famille dont la plupart sont l'unique soutien, attendant leur mort avec un stoïcisme incroyable ou avec une insensibilité stupide! Nous vîmes quelques-uns de ces malheureux chercher dans l'abus des liqueurs fortes l'enivrement et l'oubli ; leurs chants insensés tenaient du délire et brisaient le cœur dans un pareil moment. D'autres, sans attendre que le capitaine eût organisé des moyens de sauvetage, se précipitèrent dans les flots et se noyèrent, en voulant échapper au trépas qui les attendait. D'autres enfin avaient conservé leur sang-froid : pleins de confiance dans le Ciel et dans leurs officiers, ils s'offrirent pour confectionner des radeaux et armer les canots et la chaloupe.

Avant de consentir à leur demande, le commandant fit monter un matelot au grand mât, souhaitant, sans oser l'espérer, qu'il découvrît au loin quelque bâtiment. Le matelot parcourut l'horizon d'un regard inquiet ; puis tout à coup, agitant son chapeau, il s'écria : Une voile sous le vent ! Cette bonne nouvelle fut reçue avec des cris de joie. Mais hélas ! le navire aperçu était à une distance telle qu'il n'entendit point notre voix et ne vit point nos signaux. Nous avions dû jeter nos canons à la mer pour soulager la frégate, et nous n'avions plus aucun moyen de l'informer de notre détresse.

Le capitaine donna l'ordre de préparer des radeaux et les embarcations, et d'opérer le transbordement. On se mit immédiatement à l'œuvre, et, au bout de deux heures, la chaloupe, les canots et plusieurs radeaux étaient rangés le long de la frégate. Malgré le désir de chacun d'abandonner au plus vite le bâtiment, la discipline fut sévèrement observée. Les mousses descendirent d'abord, puis les matelots, enfin les officiers. Quelques minutes après, la frégate disparaissait dans les profondeurs de l'Océan.

Le capitaine prit le commandement de la chaloupe, les autres officiers furent chargés de la direction d'un canot ou d'un radeau. On avait embarqué des vivres et de l'eau pour plusieurs semaines. On devait naviguer de conserve et tâcher de ne point se perdre de vue. C'est ce que l'on fit pendant dix jours. Au bout de ce temps, on n'avait encore rencontré ni un navire ni une terre. Le onzième jour, on aborda à une petite île pour faire de l'eau, mais sans oser pénétrer à l'intérieur, car les dispositions des insulaires paraissaient très-hostiles.

Cependant les vivres commençaient à diminuer. Le capitaine crut prudent de partager les embarcations en plusieurs groupes. Il distribua entre eux les armes, les instruments nautiques et les provisions qui restaient. Puis l'on se dit adieu, en faisant des vœux pour se retrouver plus tard. La séparation fut navrante. Tous ces hommes qui, depuis quinze jours, avaient déjà tant souffert, pleuraient comme des enfants à l'idée de ne plus se revoir.

Je commandais l'un des canots qui suivirent le capitaine. Comme nous possédions une boussole, nous cherchâmes à atteindre, non les côtes de l'Amérique, dont nous étions beaucoup trop éloignés, mais l'un des nombreux archipels répandus dans cette partie de l'Océan. Notre intention était d'aborder aux îles Pelew ou Palas. Nous nous dirigeâmes de ce côté en conséquence; mais nous ne pouvions gouverner facilement, et le vent nous eût bientôt jetés hors de notre route. Les vivres diminuaient de plus en plus. En quittant la frégate, chaque homme avait reçu d'abord pour ration un biscuit et un litre d'eau; puis, cette ration avait dû être réduite à un demi-biscuit et un demi-litre d'eau. Nous souffrions beaucoup de la pluie, qui ne cessait de tomber depuis quelque temps, et la faim se faisait déjà sentir. Nous nous mîmes à manger nos souliers, nos vêtements, et même des morceaux de bois. Rien ne pouvait assouvir notre faim. Quand il n'y eut plus rien à dévorer, nous en vînmes, vous le dirai-je, à nous nourrir de chair humaine!

Oui, mes enfants, de chair humaine! répéta le vieil officier en accentuant chaque syllabe comme quelqu'un qui se rappelle une monstruosité inouïe. Le moment arriva où il fallut sacrifier une première victime au salut de tous. Sur un signal du commandant, toutes les embarcations rallièrent la chaloupe, et il fut décidé qu'on tirerait à la courte paille. Déjà un matelot présentait au capitaine son chapeau devenu l'urne fatale, quand une idée subite traversa mon esprit : j'avais trouvé le moyen de sauver notre brave commandant. « Camarades, m'écriai-je, qu'allons-nous faire? Si le capitaine est désigné par le sort pour mourir, que deviendrons-nous sur ces mers inconnues? Lui seul peut nous guider vers quelque continent; en lui ôtant la vie, nous nous perdrons tous. Et, si nous avons le bonheur de rentrer dans notre patrie, qu'aurons-nous à répondre à ceux qui nous demanderont ce que nous avons fait de notre chef? Il ne faut pas que le commandant meure; Dieu nous refuserait désormais son secours. »

Le lieutenant a raison, répondit-on de toute part, et il fut aussitôt arrêté que le commandant ne tirerait pas au sort.

Mais alors s'élevèrent des réclamations de plus d'une espèce. L'un se plaignait que sa femme et ses enfants n'avaient que son travail pour vivre; l'autre disait que sa vieille mère comptait uniquement sur lui; un troisième, encore très-jeune, ne pouvait se résoudre à mourir. Tous voulaient vivre et vivre aux dépens de leurs voisins.

Nous ne savions comment sortir de cette difficulté, quand un homme qui assistait à nos débats sans rien dire, se leva et fit une proposition qui portait à tout concilier. C'était un nègre à la fleur de l'âge, d'une santé robuste, et sur qui les privations endurées depuis le naufrage n'avaient pas exercé des ravages aussi funestes que sur la plupart des matelots. Petro (ainsi se nommait cet homme) avait été racheté de l'esclavage par notre capitaine, dans les colonies françaises, et depuis cette époque il avait suivi partout son maître à qui il était très-dévoué. Soit qu'il craignît que le trépas de son cher capitaine ne fût que différé, ou qu'il crût nous sauver tous en se sacrifiant, il s'adressa ainsi à ceux qui l'entouraient :

— Mes amis, je n'ai pas les mêmes motifs que vous de vivre ; je suis seul au monde, sans famille qui s'intéresse à moi. Avec la permission du commandant, je consens à périr pour vous, et puisse ma mort vous sauver ! C'est tout ce que je demande à Dieu.

Ce langage dans la bouche d'un homme que personne n'aurait jugé capable d'un pareil héroïsme, m'arracha des larmes. Le capitaine fit un pas vers Petro et l'embrassa avec effusion. Il ne pouvait se décider à accepter son offre généreuse....

Dans une situation si désespérée, la Providence daigna jeter un regard de commisération sur tant d'infortunés. Le capitaine annonça le jour suivant que, par suite du changement de vent survenu depuis trois jours, nous nous étions considérablement rapprochés des îles Pelew et que nous y aborderions peut-être avant la nuit. Cette nouvelle rendit le courage à ceux mêmes qui paraissaient les plus abattus. La journée se passa dans les alternatives de l'espérance et de la crainte : on s'était déjà cru tant de fois près de rencontrer la terre! Si le commandant s'était encore trompé!... Mais non, vers six heures de l'après-midi, un matelot distingua nettement la côte à l'horizon. Au cri de *Terre!* chacun se leva et, fixant les yeux sur le point indiqué, s'assura par lui-même que ce n'était pas une illusion.

Le matelot avait dit vrai, nous avions devant nous une île. Nous résolûmes d'y descendre. Dussions-nous être tous massacrés par les naturels, cette mort nous semblait plus douce que celle à laquelle la faim et la soif nous exposeraient. D'ailleurs, nous avions encore des armes, et nous vendrions chèrement notre vie.

La chaloupe aborda, ainsi que les deux canots qui l'accompagnaient, en remorquant un vaste radeau. Vingt-cinq hommes se rendirent à terre pour reconnaître le pays. Leur absence dura longtemps. Nous crûmes qu'ils avaient succombé sous les coups des sauvages, et le commandant songeait déjà à s'éloigner de ces rivages perfides, quand nous les vîmes revenir tous sains et saufs. Derrière eux marchait un noir qu'on pouvait prendre pour le chef de l'île, et qui nous invita à laisser là nos embarcations et à le suivre. Le capitaine voulut savoir jusqu'à quel point il pouvait se fier à sa parole. L'officier qui était allé à la découverte avec le détachement s'empressa de le rassurer en lui racontant comment ils avaient fait la connaissance de celui qu'ils croyaient le roi des insulaires.

— Nous avons, nous dit-il, suivi la côte pendant quelque temps. Après une heure de marche, nous sommes arrivés à une espèce de cabane auprès de laquelle nous avons aperçu plusieurs nègres endormis à l'ombre d'un arbre. Deux chiens énormes veillaient à côté d'eux. A l'approche des étrangers, les molosses se mirent à aboyer et réveillèrent les noirs. L'un d'eux, qui paraissait être le maître, saisit un fusil étendu à terre et fit mine de s'en servir contre nous; il nous prenait pour des ennemis. Nous nous sommes efforcés de lui faire comprendre par des signes que nous n'en voulions nullement à sa vie. Aussitôt il fit taire les chiens et déposa son arme. Alors Jacques Kervert, le gabier, qui avait séjourné longtemps en Angleterre, eut l'idée de lui adresser la parole en anglais. Le chef comprenait assez bien cette langue. Il parut touché de notre infortune et promit de nous venir en aide. Puis il demanda que nous l'amenions aux embarcations, afin de chercher nos camarades, car nous pouvions être exposés à de mauvais traitements de la part des naturels. Il nous a aussi engagés à ne pas trop nous avancer dans l'île et à ne jamais nous risquer dans les endroits solitaires, si nous tenions à ne pas être égorgés par ses sujets.

Le prince noir, à qui le gabier servait de truchement, entra en relation avec notre capitaine. Il exigea que chacun de nous lui remît ses armes, même son couteau, et tout l'argent qu'il possédait. Nous avions une envie démesurée de donner une leçon à cet affreux moricaut; mais le sentiment de notre position nous empêcha de commettre une imprudence qui nous eût été funeste. Tout le monde obéit et feignit de croire à sa bonne foi, quand il assura que ces objets nous seraient rendus à notre départ, et qu'il voulait seulement les placer en lieu sûr. Inutile de dire qu'ils ne nous furent jamais restitués.

Nous laissâmes, non sans une certaine inquiétude, nos embarcations amarrées au rivage, et nous pénétrâmes dans l'île. A peine avions-nous fait un kilomètre, que notre troupe fut entourée de sauvages. Le roi tâcha de nous protéger tant bien que mal contre les exigences des insulaires, mais sans parvenir à les écarter. Ils nous fatiguaient par leurs cris rauques et par les regards de convoitise qu'ils fixaient sur nos vêtements. Quelques-uns en voulaient particulièrement au paletot du commandant, dont les boutons dorés brillaient au soleil; et, comme il ne se souciait pas de s'en dépouiller pour leur faire plaisir, l'un d'eux leva sa hache pour lui fendre la tête. Le chef comprit qu'il était temps d'intervenir; il donna son propre fusil au capitaine, et l'autorisa à tuer le premier de ses sujets qui oserait le maltraiter.

Nous nous installâmes, le soir, dans un petit bois voisin de l'habitation du roi, et tout près de la côte. Nous mangeâmes des coquillages et des fruits; puis nous nous étendîmes à terre et nous nous endormîmes profondément.

Le capitaine, de peur de surprise, avait établi un poste et posé des sentinelles. Cette précaution fut heureusement inutile. Les sauvages s'étaient dispersés sur l'ordre de leur chef, et rien ne vint troubler notre repos.

Le lendemain, le commandant jugea à propos de se rapprocher des embarcations. Nous allâmes bâtir des huttes à quelque distance de notre premier bivouac, sur un terrain d'où nous pouvions facilement surveiller les canots et guetter le passage d'un navire européen. Deux matelots furent successivement chargés de ce soin.

Les insulaires s'habituèrent à nous voir, et nous n'avions point à nous plaindre de leurs procédés à notre égard. Tous les jours nous allions pêcher des crabes, qui composaient en grande partie notre nourriture. Nous y ajoutions une espèce de pomme de terre et des aliments grossiers que les indigènes consentaient parfois à nous donner en échange de morceaux de ferraille ou de boutons.

Le roi ne tarda pas à se convaincre que nous étions des gens fort inoffensifs, et il consentit à nous rendre nos couteaux. Il prit même à son service un matelot dont l'adresse lui plut infiniment; ce qui contribua encore à nous le rendre favorable. Cet homme, très-mauvais marin, mais un peu cuisinier, savait préparer certains plats qui flattaient singulièrement le palais de sa majesté nègre. Il faisait rôtir, en les arrosant d'une sauce fortement épicée, les oiseaux que le prince tuait à la chasse; il cultivait son petit jardin et exécutait une foule de travaux. Son maître était émerveillé de ses talents.

Il y avait cinquante et un jours que nous étions dans l'île, quand le matelot placé en vigie nous prévint qu'il apercevait au loin un grand bâtiment. Tout le monde fixa aussitôt les yeux sur le point de l'horizon indiqué. Le navire approchait; nous distinguâmes bientôt très-nettement un navire anglais. C'était une frégate, elle se dirigeait de notre côté, et elle ne manquerait pas assurément de passer assez près de l'île pour entendre nos cris et voir nos signaux. C'est ce qui arriva. Un officier fut envoyé à terre avec la chaloupe. Après avoir entendu de la bouche de notre capitaine le récit de nos malheurs, il retourna à son bord et informa son commandant de ce qu'il avait appris. Une demi-heure après, la chaloupe revint avec plusieurs canots, et nous fûmes recueillis sur la frégate, qui nous transporta à la Guadeloupe. Le consul français nous reçut avec une bienveillance parfaite, et s'occupa de nous procurer promptement les moyens de revenir à Brest.

Quant aux malheureux que les circonstances avaient obligé de se séparer de nous quelques jours après notre naufrage, leur sort avait été plus triste encore que le nôtre. La plupart avaient péri sans rencontrer aucun secours ; une vingtaine seulement avaient pu, après des souffrances inouies, toucher à un rivage hospitalier et de là regagner leur pays.

Vous le voyez, mes enfants, dit M. Letroadec, la vie des gens de mer est exposée à bien des épreuves ; mais, avec de l'énergie, de la gaîté, et surtout une grande confiance en Dieu, on parvient à triompher d'obstacles réputés insurmontables. Bien que vous ne soyez pas destinés à la marine, il faut que vous deveniez des jeunes gens courageux. Vous aurez à prouver un jour que vous êtes réellement des hommes. Ce n'est que par le talent qu'on arrive à une position honorable, si on ne tient pas à suivre la voix honteuse de l'intrigue. Or le talent est le résultat du travail, et l'on a besoin de courage pour s'y livrer avec persévérance, au collége d'abord, puis dans la carrière qu'on s'est choisie. Mais je ne veux pas vous faire une remontrance au lieu d'un récit que vous êtes venus entendre; je vais voir mes pauvres pêcheurs de la nuit dernière.

Comme il disait ces mots, un jeune homme portant l'uniforme d'officier de marine entra subitement et se jeta dans les bras du vieillard. M. Letroadec poussa un cri de surprise et de joie; puis, calmant l'émotion que lui causait cette visite inattendue, il le présenta à ses petits amis.

— Mes enfants, dit-il, puisque vous aimez tant les histoires de mer, vous serez satisfaits. Je vous ai raconté à peu près tout ce qu'il y a eu d'intéressant dans ma vie; mon neveu Frédéric se fera un plaisir, j'en suis sûr, de vous dire à son tour ce qu'il a vu d'extraordinaire en Chine et au Mexique. Mais, ajouta-t-il en s'adressant au jeune homme, tu ne m'as pas appris à quelle circonstance je dois de te revoir d'une manière si imprévue. Ta dernière lettre était datée de Canton, et rien ne m'annonçait que tu fusses sur le point de revenir sitôt en France.

— Mon oncle, répondit Frédéric, j'ai tenu à ne pas vous donner d'inquiétude. Je sais combien vous m'aimez, depuis surtout que j'ai perdu ma pauvre mère et que je suis presque seul au monde. J'ai été pris de la fièvre, il y a un mois, et le docteur de notre frégate m'a engagé à faire mon possible pour obtenir de rentrer à Brest. Cette autorisation m'a été accordée, et je viens passer auprès de vous, mon bon oncle, un congé de convalescence de trois mois.

M. Letroadec serra affectueusement la main de son neveu et l'examina avec intérêt. Ses traits un peu amaigris indiquaient en effet un état de souffrance; mais il n'y avait heureusement rien de grave dans sa maladie; une vie calme et les soins du vieillard ne manqueraient pas de lui rendre avant peu toute sa vigueur.

Ils continuèrent de s'entretenir d'affaires qui les concernaient l'un et l'autre. Pendant ce temps-là, les deux enfants tenaient les yeux fixés, avec la curiosité de leur âge, sur le nouveau venu. C'était un homme de trente ans à peine, grand et bien fait, mais dont les épaules un peu voûtées attestaient un long séjour dans les entre-ponts. Son visage, bruni par le soleil et le hâle, avait une expression d'énergie extraordinaire; on voyait qu'il y avait en lui l'étoffe d'un vaillant marin. Le ruban de chevalier de la Légion d'honneur, passé à sa boutonnière, montrait, du reste, que déjà il avait fait preuve de capacité et de courage. Entré au vaisseau-école, à la suite d'un examen brillant, il avait obtenu au choix et de bonne heure le grade de lieutenant de vaisseau.

Au bout de quelques minutes, Horace et Ludovic comprirent qu'il y aurait de l'indiscrétion de leur part à prolonger la séance chez le vieil officier; ils se levèrent et se disposèrent à partir. M. Letroadec avait à causer avec son neveu, et il ne les retint pas. Mais il leur fit promettre de ne rien changer à leurs habitudes à son égard tant qu'ils resteraient au Conquet, et il annonça qu'il irait le lendemain voir Mme de Kerdoret avec son enseigne de vaisseau. Frédéric ne demandait pas mieux que d'entrer en relations avec les amis de son oncle; franc et ouvert comme le sont généralement les marins, il serra cordialement la main aux enfants, et leur dit qu'il leur raconterait avec plaisir sa campagne en Chine.

CHAPITRE VI

Campagne de Chine; ses causes. L'îlot de Molenè.

Quelques jours s'étaient écoulés depuis l'arrivée de l'officier de marine chez son oncle. Les deux jeunes gens mouraient d'envie d'entendre l'enseigne de vaisseau leur parler de la Chine; mais Mme de Kerdoret avait jugé convenable qu'ils attendissent l'occasion de l'interroger à ce sujet, et elle s'était opposée à leur désir d'aller le trouver chez M. Letroadec. Cette occasion se présenta bientôt. Un matin, le vieux marin et son neveu arrivèrent au Conquet, et ils prièrent Mme de Kerdoret de leur confier ses enfants pour la journée. Ils avaient projeté de les emmener faire une partie en mer. Horace et Ludovic bondirent de joie à cette nouvelle, et, après avoir bien promis de ne commettre aucune imprudence dans le bateau, ils partirent en compagnie de M. Letroadec et de Frédéric. Quelques instants après, on mettait à la voile et on s'éloignait des côtes.

Le temps était on ne peut plus beau. Le bateau s'inclinait mollement sous la brise et fendait l'eau avec rapidité. Quand les deux enfants eurent joui quelque temps du plaisir de la navigation, Frédéric les invita à s'asseoir à côté de lui, près du gouvernail qu'il dirigeait lui-même, et leur demanda s'ils étaient disposés à écouter le récit d'une de ses campagnes.

— Oh ! bien volontiers, monsieur Frédéric, répondit Ludovic ; nous voilà justement en mer ; tout ce que vous nous direz ne nous intéressera que davantage.

— Hé bien, écoutez, reprit le lieutenant de vaisseau ; je vais vous parler d'une expédition qui ne sera pas la moindre gloire de notre temps, et qui a porté la civilisation dans la contrée la plus reculée de l'Asie. Elle a duré trois ans, et, grâce à l'énergie de nos marins et de nos soldats, l'influence française a été enfin établie sur ces rivages éloignés ; le chef du Céleste-Empire a été contraint de signer un traité avantageux pour nous. Vous pouvez croire, mes petits amis, que cela n'a pas été obtenu sans peine. Outre les fatigues d'un voyage long et pénible, nos hommes ont eu à lutter incessamment contre les influences climatériques d'un pays malsain ; mais aucune difficulté n'a pu les empêcher de mener à bonne fin la guerre. Ils ont prouvé une fois de plus que rien n'est impossible aux Français quand ils souffrent et combattent pour le triomphe d'une cause juste.

— Pourquoi faisait-on la guerre à la Chine? demanda Horace.

— Vous êtes tous les deux intelligents, et vous comprendrez facilement les motifs qui décidèrent notre expédition ; mais avant de retracer successivement les faits qui y appelèrent nos armes, je veux vous apprendre, si déjà on ne vous l'a enseigné, que cette contrée, qui forme le plus grand empire de l'Asie, avait déjà connu une sorte de civilisation avant que les états actuels de l'Europe fussent policés. Comme cet immense pays a, au moyen des fleuves qui le sillonnent, de faciles voies de communication, et que par la variété de ses productions il peut se suffire à lui-même, ses habitants s'adonnent peu au commerce extérieur, et, pendant bien des siècles, ils n'ont été en contact avec aucune nation étrangère.... Vous avez vu sans doute des Chinois ?

— Oui, oui, répondit un des enfants. Nous en avons quelquefois rencontré dans les rues à Paris. Ils ont le visage large, les yeux, la bouche et le nez petits, les pommettes très-saillantes et le teint jaune.

— Je vois que leur type vous est connu, reprit Frédéric; j'ajouterai qu'ils sont doux, polis, amis de la paix, mais poltrons, enclins à l'ivrognerie et à la fraude, et qu'ils tiennent beaucoup à se venger des injures qu'ils ont reçues. Ils sont de plus d'un orgueil intolérable pour tout ce qui concerne leur pays. Vivant dans le plus grand isolement physique et moral, ils méprisent toute innovation et se montrent opiniâtrément attachés aux coutumes traditionnelles. C'est ce qui explique les difficultés qu'ont rencontrées les Européens toutes les fois qu'ils ont cherché à établir avec eux des relations commerciales.

— On m'a dit, interrompit Ludovic, qu'ils aiment beaucoup l'opium.

— C'est vrai, reprit le narrateur, et c'est précisément ce qui a été la cause de la guerre. Ecoutez bien. Le gouvernement, par raison d'hygiène, avait prohibé depuis longtemps cette plante dont les effets sont si déplorables pour la santé. Mais les Chinois en sont encore plus friands que des nids d'hirondelles, et ce n'est pas peu dire; aussi les Anglais se mirent-ils à faire de la contrebande. Pendant quelques années, la fraude ne fut pas découverte, ou bien les gouverneurs la tolérèrent, et ce commerce illicite s'étendit rapidement; la vente de ce poison s'accrut vite dans une proportion considérable.

En 1839, les marchands britanniques inondèrent plus que jamais d'opium les côtes du Céleste-Empire; le gouvernement de Pékin prit de nouvelles mesures contre eux et confisqua en grande partie les cargaisons de leurs navires. L'Angleterre déclara la guerre à la Chine et obtint l'ouverture des cinq grands ports. Les Américains du Nord et les Français réussirent également à signer avec les Chinois, en 1844, des traités de commerce; mais les autorités de Canton ne cessèrent pendant dix ans de mettre des entraves à l'exécution de ces traités. Les Anglais canonnèrent, en 1856, les forts de cette ville; de là l'irritation du vice-roi, nommé Yeh, et ses proclamations incendiaires contre les étrangers. Un ultimatum lui fut envoyé, le 10 décembre, par le baron Gros et lord Elgin, représentants de la France et de l'Angleterre, et l'on se prépara à l'attaque. Le 29 au soir, Canton était au pouvoir des alliés, ainsi que le vice-roi.

— Qu'est-ce donc qu'un ultimatum? demanda Ludovic.

— C'est, répondit M. Letroadec, le dernier mot touchant une négociation pendante. Ce sont les conditions auxquelles on tient irrévocablement quant à la conclusion d'un traité. Lorsqu'un ultimatum est refusé, les négociations sont rompues, et il n'y a plus qu'à recourir aux armes. C'est ce qu'on fit, vous voyez, pour le vice-roi de Canton.

Après avoir donné cette explication d'un ton capable, le vieillard alluma sa pipe et laissa son neveu continuer son récit.

— Peu de temps après, reprit le lieutenant de vaisseau, les représentants de la France, de l'Angleterre, de la Russie et de l'Amérique du Nord envoyèrent simultanément une communication à la cour de Pékin. Le premier ministre répondit que le nouveau vice-roi, Niang, était chargé de traiter avec eux. C'était une réponse évasive. Les flottes alliées s'avancèrent à l'embouchure du Pei-ho. Le 20 mai 1857, les forts qui commandaient l'entrée de la rivière furent enlevés.

Un traité fut signé à Tien-tsin, dans le courant d'octobre, entre les alliés et les commissaires chinois. Mais, quelques jours après, la cour de Pékin refusa d'échanger les ratifications. Les ministres de France et d'Angleterre résolurent de se porter avec toutes leurs forces dans le golfe de Pé-tché-li. Le 25 juin 1858, les forts furent attaqués avec vigueur; ce fut en vain. La mort décima les assaillants avant qu'il fut possible, au milieu de la vase et des marais, de triompher de la résistance de l'ennemi. Ce léger succès des Chinois devait amener de terribles représailles.

Mais nous allons en rester là aujourd'hui, si vous le voulez bien; j'aurais peur de fatiguer votre attention en poursuivant maintenant.

— Et puis, M. Frédéric, repartit un des enfants, vous avez besoin de vous reposer vous-même. Mais nous ne vous tenons pas quitte, et nous espérons bien qu'avant de rentrer au Conquet vous nous aurez raconté votre voyage de France à Hong-Kong ou à un autre port de ce pays.

— C'est convenu, dit le narrateur, lorsque nous aurons dîné sur le rocher de Molenè que vous voyez là-bas, nous nous remettrons en mer, et, en revenant, je vous parlerai de la traversée que je fis sur le navire qui transportait le général de Montauban, commandant en chef de l'expédition, et son état-major.

Quelques instants après, le bateau abordait à l'îlot de Molenè. M. Letroadec avait choisi ce point de préférence à un autre pour montrer aux jeunes parisiens des types dont ils n'avaient pas l'idée. Après avoir installé leurs provisions auprès d'une cabane peu éloignée du rivage, ils se mirent à dîner. L'arrivée du bateau était un événement pour les habitants de la chaumière et leurs voisins; aussi en peu de temps se réunirent-ils en assez grand nombre autour des étrangers, regardant avec curiosité ce qu'ils mangeaient.

— Comme ils ont l'air malheureux! dit Ludovic; et, à ces mots, il distribua sa part de pâté à trois petits garçons qui ne firent qu'une bouchée de ce qu'il leur donna.

— Oui, répondit M. Letroadec, beaucoup plus malheureux encore que vous ne vous le figurez. Ces pauvres gens, ainsi que vous l'a dit, je crois, M. de Kerdoret, condamnés à vivre sur une terre ingrate, brûlée par le soleil et les vents, peuvent à peine, en suppléant à l'agriculture par le commerce des algues et du goëmon, suffire aux besoins de leurs familles. La plupart ignoreront toujours les merveilles et les richesses de la mère-patrie; ils ne connaîtront jamais d'autre horizon que celui des flots battant éternellement leurs rochers, et tel est le dénuement dans lequel ils se trouvent presque tous, que l'Etat est obligé de leur envoyer des biscuits.

C'est ici surtout, ajouta M. Letroadec, que s'est conservé sans altération le caractère breton. Ce caractère, qu'à si bien peint notre compatriote Pitre Chevalier dans son livre de *la Bretagne ancienne et moderne*, se compose, comme il le dit, de cinq vertus et de trois vices. Vous voyez que le bien l'emporte presque de moitié. Nos paysans se distinguent par leur amour du pays, leur résignation devant Dieu, leur loyauté devant les hommes, et aussi par leur Constance et leur hospitalité. C'est le mal du pays qui fait périr de douleur le conscrit et le matelot loin de la terre natale avant que les balles l'atteignent ou que les vagues l'engloutissent; c'est lui qui épanouit son visage et lui arrache des pleurs dès qu'un bruit, un mot lui rappelle la chaumière où il veut mourir après ses aïeux. Quant à la résignation devant Dieu, elle est toute sa religion, et elle n'est pas moins connue que leur loyauté devenue proverbiale. Leur tenacité est également très-remarquable. Elle suscita Nominoë contre les rois Francs, Alain Barbe-Torte contre les envahisseurs du Nord, Anne de Bretagne contre Louis XII; c'est elle qui fait de nos soldats et de nos marins des hommes infatigables, les derniers, dit encore Pitre Chevalier, contre le fer de l'ennemi et contre les assauts de la tempête. Je ne vous parlerai pas, mes enfants, de leur hospitalité, chose pour eux très-naturelle; vous avez pu vous assurer déjà par vous-mêmes qu'elle préside, dans cette partie reculée de la vieille Armorique, à mille usages empreints de la charité la plus touchante. Ces vertus sont malheureusement, je le répète, ternies par des défauts: l'ivrognerie, l'avarice, et le peu de considération pour la femme; on se sent toutefois assez disposé à les excuser quand on apprécie ce qu'il a de bon et de généreux chez ces braves gens.

Le dîner fut bientôt achevé. M. Letroadec donna de bon cœur ce qui restait des provisions aux pauvres bretons qui stationnaient autour du groupe, et, quelques instants après, le bateau s'éloignait de l'ilot.

CHAPITRE VII

Campagne de Chine. — Traversée de Toulon à Pékin. — Alerte à bord. — Passage de la ligne. — Le Cap.

Quand on se fut installé commodément pour la traversée, les deux enfants rappelèrent à M. Frédéric sa promesse; il s'empressa de satisfaire leur désir, et il reprit son récit à l'échec subi par les troupes alliées, au mois de juin 1858, devant les forts construits dans le golfe de Pé-tché-li.

— L'honneur de notre drapeau, dit-il, était engagé, l'expédition de Chine fut décidée. En peu de temps, un vaillante petite armée, composée en partie de volontaires, fut prête à s'embarquer. Elle était placée sous le commandement du général de division Cousin-Montauban, officier d'une valeur éprouvée, qui ne pouvait manquer de conduire nos soldats à la victoire. Le commandant en chef avait sous ses ordres le général Jamin, officier distingué et instruit, possédant toutes les qualités nécessaires pour les fonctions de commandant en second, et le général Collineau, sorti de la pépinière d'Afrique, et qui s'était distingué d'une manière si brillante à l'assaut de Malakoff.

Une partie de la flotte partit le 15 décembre et prit la route du Cap. La ville de Sang-Haï avait été choisie comme quartier-général provisoire des troupes anglo-françaises; c'est là que devaient se rendre nos bâtiments. Mais le commandant en chef ne quitta Toulon que le 15 janvier; il prit la route de Suez avec son état-major, et arriva à Sang-Haï, le 10 mars 1860, trois mois avant le corps expéditionnaire.

La frégate *l'Impératrice Eugénie*, sur laquelle j'étais embarqué, ne quitta Toulon que le 19 mai. Le voyage fut heureux pendant plusieurs jours; mais le 28, il arriva à bord un incident qui aurait pu avoir des suites terribles. Vers deux heures du matin, je fus réveillé par le bruit du tambour et le cri sinistre : « Tous les hommes au poste de combat ! » Un timonier, dont l'esprit était encore alourdi par le sommeil, me dit qu'une grande voie d'eau s'était déclarée, que toutes les pompes étaient déjà en mouvement, et que la frégate ne pouvait plus avancer. Nous devions être alors à 170 lieues des îles du Cap-Vert, à 70 ou 80 lieues de Tenérife, et par conséquent loin de tout secours.

Je courus à l'entrée du bâtiment, et j'acquis bientôt la certitude que c'était une nouvelle fausse. Je descendis dans la batterie, et j'appris que nous étions menacés non par l'eau, mais par le feu. La fermentation et le frottement avaient enflammé des rouleaux de coton dans le magasin du faux-pont ; le feu, se communiquant, était sur le point d'envahir le compartiment voisin, rempli d'étoupe et d'essence de térébenthine. Heureusement, l'air manquait en cet endroit, et, en peu de temps, nous fûmes maîtres de l'incendie. Une heure après, la panique avait cessé, et ceux qui n'étaient pas de service se retiraient.

Le 7 juin, nous passâmes la Ligne, et nous recommençâmes cette fête si souvent célébrée, dont la conclusion est toujours la même : arroser son passage avec de l'argent. Les néophytes étaient assez nombreux à bord: la cérémonie se prolongea jusqu'à la nuit à la satisfaction générale. Le commandant, M. de Lapelin, invita les officiers à dîner, et l'équipage reçut une double ration. C'est vous dire que, toute la soirée, les matelots témoignèrent leur joie par des chants et des danses de circonstance.

L'étiquette avait été mise de côté à la table même du commandant; aussi le dîner, qui ne laissait rien à désirer sous le rapport des mets exquis et du choix des vins, fut-il des plus gais. Les éclats de rire se mêlaient au bruit de la musique, qui, pendant le repas, ne cessa de se faire entendre, et, après de nombreux toasts portés à l'empereur, à la famille impériale, au commandant de la frégate, aux Chinois eux-mêmes, nous allâmes applaudir nos braves matelots, qui, pour terminer la fête, donnèrent une grande représentation avec des intermèdes de chansons comiques.

— Nous étions au mois de juillet, et c'était la saison d'hiver. Cela vous paraît étrange, n'est-ce pas? Il en était cependant ainsi, et les cimes des monts que nous apercevions de notre bâtiment nous apparaissaient couvertes de neige.

— Je n'en suis pas étonné, dit Ludovic; sans être très-fort en cosmographie, j'en sais assez pour comprendre que, dans l'hémisphère du sud, le contraire de ce qui se passe dans le nord, doit avoir lieu pour les saisons: cela tient à la position de la terre par rapport au soleil.

— Très-bien, repartit M. Frédéric, je vois que vous pouvez vous rendre compte des tempêtes qui nous assaillirent à cette époque dans ces parages.

Notre frégate mouilla, le dimanche 3 juillet, en rade de Simon's Bay. Comme elle devait y rester quelques jours, je profitai de ce temps d'arrêt pour aller voir au Cap de bons amis séparés de moi depuis plusieurs années.

La ville du Cap est bâtie au pied de la montagne de la Table, dont la configuration est digne de remarque. Le sommet est terminé par un immense plateau d'une étendue de plusieurs kilomètres, dont les flancs, de cent mètres de hauteur environ, reposent à angle droit sur la base de la montagne inférieure. L'aspect de cette masse est des plus tristes : sur le sommet une couche de neige; sur les pentes, des bruyères étiolées, des arbres rabougris, qui se détachent sur le fond rougeâtre de la terre.

Sans m'arrêter à vous parler de la rade, où le service est fait par des Malais, ni du climat, qui est admirable, je vous conduirai tout de suite dans l'intérieur de la cité anglaise. Je fus frappé de la propreté des rues, de l'eau pure qui y coule, du luxe des magasins, aussi beaux que ceux de Paris et de Londres, et surtout d'un certain nombre d'élégantes voitures dans lesquelles étaient étendus des nababs de l'Inde, précédés et suivis d'esclaves noirs aux jambes et aux bras nus cerclés d'or. C'est vraiment une ville charmante. La plupart des maisons n'ont qu'un rez-de-chaussée, parfois un étage; mais toutes rachètent le manque d'élévation par la superficie; simples et propres à l'extérieur, elles renferment à l'intérieur tout ce que le luxe asiatique et le comfort anglais ont pu inventer de merveilleux.

La population, fort mélangée, ainsi que je pus le voir, s'élève de trente-six à quarante mille habitants; les édifices religieux sont très-multipliés, à cause de la diversité des cultes.

Les environs du Cap ont un cachet particulier: sur les collines, les endroits incultes sont tapissés de hautes bruyères; les parties cultivées sont couvertes de vignes et d'arbres fruitiers dont la plupart viennent d'Europe. Ces vignes fournissent le vin de Constance, épais et sucré; celui dit du Cap est fabriqué à plusieurs lieues plus loin, et il n'est pas sans analogie avec le madère. Dans les prairies immenses qui bordent les ruisseaux, paissent des chevaux, des mulets et des troupeaux considérables de bœufs, dont on se sert pour labourer la terre, porter les récoltes et traîner les fardeaux. Ces bœufs, l'une des richesses du pays, se distinguent par la longueur démesurée de leurs cornes; quelques-unes dépassent un mètre. Les mulets, de la race zébrée, ont la plupart des crinières tombantes qui leur donnent un air sauvage; ce sont d'excellentes bêtes, fortes et courageuses.

Le général Jamin fut reçu d'une manière splendide par le gouverneur anglais et aussi par le consul suédois ; le bal qui lui fut donné par le consul coûta plus de quinze mille francs. Ceci s'explique par le prix élevé auquel tout se vend dans cette ville. Aussi nos appointements ne pouvaient guère s'accorder avec les dépenses que nous étions obligés de faire, et comme, du reste, le temps était affreux, nous désirions assez ne pas prolonger notre séjour sur la côte africaine. L'ordre du départ ne tarda pas à être donné, et nous nous dirigeâmes sur Hong-Kong. Nous aurions voulu rencontrer l'océan Indien et entrer dans les mers de Chine par le détroit de Malacca ; par cette voie, nous aurions gagné quelques jours, mais dépensé plus de charbon. La question d'économie fut, en partie, la cause du changement d'itinéraire. Notre traversée s'effectua d'une manière heureuse, la santé du personnel ne laissait rien à désirer. Nous vîmes successivement arriver après nous les bâtiments de la flotte ; le dernier entra dans ce port le 21 mai 1860.

M. Frédéric s'arrêta à ces mots. Le bateau approchait du Conquet. Les deux ou trois matelots qui le montaient abattirent les voiles, et, un instant après, les enfants embrassaient Mme de Kerdoret. Inutile d'ajouter qu'ils ne se couchèrent pas sans se promettre de mettre de nouveau et le plus tôt possible à contribution la complaisance de l'excellent neveu de leur vieil ami.

CHAPITRE VIII

Expédition de Chine. — Canton. — Mœurs chinoises. — Fabriques de porcelaines de King-te-tching. — Ruines de l'abbaye St-Matthieu. — Le phare.

Quelques jours se passèrent avant que les jeunes collégiens revissent M. Letroadec et l'officier de marine. Ces messieurs avaient été appelés à Brest pour leurs affaires, et ce ne fut que dans la semaine qui suivit la partie de mer qu'ils revinrent à la campagne. M. Frédéric n'attendit pas que les enfants vinssent le prier de reprendre le récit qui avait pour eux tant de charmes; il se présenta, le lendemain de son retour, après le déjeuner, chez Mme de Kerdoret, et il obtint facilement que ses petits amis l'accompagnassent dans une excursion au delà du phare St-Matthieu : il devait se rendre à une ferme située à un kilomètre plus loin. Les deux cousins furent prêts en un moment, et l'on partit. Chemin faisant, l'officier reprit, sur les instances de ses petits amis, l'histoire de la campagne de Chine.

— Nous étions arrivés à Hong-Kong, dit-il, si vous vous le rappelez, au printemps de 1860. En attendant le moment de remonter vers Pékin, j'eus l'occasion de visiter plusieurs villes curieuses et d'étudier les mœurs des habitants. Je vous parlerai surtout de Canton, dont la population réunie dépasse un million d'âmes. Il y a la ville flottante et la ville européenne ; celle-ci est divisée en quatre sections. Pendant longtemps, les Européens ne pouvaient pénétrer sans danger de mort dans les autres quartiers. A l'époque où j'y fus, tout cela avait changé ; quand nous passions dans les rues, les Chinois nous regardaient, mais sans démonstration de colère ou de vengeance ; ils commençaient à comprendre que nos relations commerciales devaient les rendre un jour plus riches et plus libres.

C'est dans la ville européenne que sont groupés tous les corps d'état. Deux des rues, pavées de dalles larges et propres, et couvertes de grandes bandes de calicot, afin d'abriter contre les ardeurs du soleil, ressemblent à des passages dont toutes les boutiques sont de vrais bazars. Leur aspect est des plus curieux quand, le soir, on voit allumées les lanternes aux mille couleurs, éclairant au loin les grandes lettres d'or qui ornent chaque façade. Physic-Street, ainsi que le dit un écrivain qui fit la campagne avec nous, M. Charles de Mutrécy, est la rue la plus fréquentée, la plus bruyante, la plus animée, la plus originale de Canton ; elle offre un tableau saisissant pour l'étranger nouvellement débarqué dans le Céleste-Empire. Située au centre du mouvement commercial, cette rue longue et étroite est envahie, depuis le lever jusqu'au coucher du soleil, par une foule compacte de marchands et d'acheteurs. Elle vous représente le peuple chinois dans ses habitudes, ses goûts et ses mœurs. Tous les marchands portent leurs marchandises, viandes, légumes, fruits, poissons, etc., dans de grandes corbeilles ou des baquets remplis d'eau, et ces corbeilles, suspendues aux épaules sur une branche de rotin, ressemblent aux plateaux d'une balance. Chaque marchand va et vient en poussant un cri spécial ; c'est à qui criera le plus fort dans l'espérance d'attirer un chaland. Ce concert bizarre de voix humaine est souvent dominé par les coolies qui portent des palanquins ou des fardeaux, et crient en courant : Lay ! lay ! La foule se range pour n'être pas heurtée, renversée, et les coolies continuent leur course en criant toujours : Lay ! lay !

Le faubourg du Sud, qui s'étend sur les bords du fleuve Tchou-Kiang, n'est pas moins intéressant à visiter. C'est un composé de vastes magasins qui s'avancent jusque dans le fleuve, ce qui permet aux jonques et aux bateaux de toute sorte de charger leurs marchandises à l'intérieur des magasins, comme cela a lieu dans les docks de Londres.

— M. Frédéric, interrompit Horace, est-ce que vous n'avez pas vu dans cette grande ville des fabriques de porcelaine ?

— Pas à Canton, répondit l'officier, mais à King-te-tching, l'un des quatre marchés intérieurs les plus importants du Céleste-Empire. Comme cet endroit est situé à peu de distance, je m'y rendis facilement, et voici à peu près tout ce que je puis vous en dire.

King-te-tching est entouré de hautes montagnes d'où les habitants tirent les terres qui servent à la fabrication de la porcelaine la plus fine et la plus recherchée en Chine. La ville porte le nom de l'empereur Kingtèh, qui, vers 960, y établit la première fabrique impériale, et cette fabrique fournit encore la vaisselle et les poteries d'art des palais du prince. Ses produits sont peu répandus dans le commerce, et les rares porcelaines qui en viennent se vendent à des prix très-élevés.

Je n'ai pas la prétention de vous apprendre, mes petits amis, continua M. Frédéric, que le secret de la fabrication des porcelaines fut importé en France, vers 1720, par le R. P. d'Entrecolles, qui était, en 1712, chef de la mission catholique dans la province de Kiang-si. Depuis cette époque, notre fabrication, d'abord très-imparfaite, a fait des progrès immenses, et aujourd'hui elle peut rivaliser comme finesse et comme dureté de pâte avec les plus beaux produits du Céleste-Empire. Quant au dessin, toutes les chinoiseries qui ornent les porcelaines de ce pays ne peuvent, je vous assure, soutenir la concurrence de l'art francais.

Cependant, il faut en convenir, les Chinois, grâce, croient-ils, à la puissance du dieu spécial qui préside à la fabrication de leurs porcelaines, et dont l'informe idole orne la salle de peinture de toutes leurs fabriques, ont un avantage que nous ne possédons pas. Le P. d'Entrecolles raconte la légende relative à l'origine du dieu; voici, autant que je me rappelle, ce qu'il dit à ce sujet :

« Chaque profession, en Chine, a son idole particulière ; il n'est donc pas étonnant qu'il y ait un dieu de la porcelaine. On rapporte qu'autrefois un empereur voulut absolument qu'on lui fît des porcelaines sur un modèle qu'il donna. On lui représenta que la chose était impossible; mais toutes les remontrances ne servirent qu'à exciter de plus en plus son désie. Les empereurs de Chine sont, pendant leur vie, les divinités les plus redoutées de la Chine, et ils croient que rien ne doit s'opposer à leurs désirs. Les officiers chargés par le demi-dieu de surveiller et d'activer les travaux usèrent de rigueur à l'égard des ouvriers. Ces malheureux dépensaient leur argent, se donnaient bien de la peine, et ne recevaient que des coups. L'un d'eux, dans un mouvement de désespoir, se lança dans la fournaise allumée et y fut consumé à l'instant. La porcelaine qui s'y cuisait en sortit, dit-on, parfaitement belle et au gré de l'empereur, lequel n'en demanda pas davantage. Depuis ce temps-là, cet infortuné passe pour un héros, et il devint dans la suite l'idole qui préside aux travaux de la porcelaine. »

Les deux enfants s'amusèrent beaucoup de cette histoire, et ils riaient encore de la crédulité des bons habitants de King-te-tching quand ils entrèrent dans la ferme où l'officier les conduisait. M. Frédéric eut bientôt terminé l'affaire qui l'amenait chez les braves campagnards. Une heure après, il était, avec ses jeunes amis, de retour au Conquet.

CHAPITRE IX

Campagne de Chine. — Opérations militaires. — Entrée dans Pékin. — Traité de paix.

Les deux cousins brûlaient de connaître les faits qui avaient signalé la campagne. Le lieutenant de vaisseau ne demandait pas mieux que de les leur raconter; aussi ne tarda-t-il pas à satisfaire le désir de ses jeunes amis. Un jour que la pluie s'opposait à toute espèce de promenade, il se rendit chez Mme de Kerdoret et, après les politesses d'usage, il reprit ainsi son récit :

— Le général Montauban, commandant en chef de l'expédition, avait touché à Sang-Haï le 10 mars 1860, et préparé tout pour recevoir les troupes. Le général anglais sir Hope Grant y arriva le 6 avril avec son état-major. L'ordre fut donné aussitôt à l'infanterie de marine casernée à Canton et aux régiments anglais venus des Indes à Hong-Kong d'aller occuper les deux îles de Kinctang et de Chusan.

La réponse à l'ultimatum envoyé à l'empereur de Chine fut transmise aux généraux le 9 avril; elle repoussait toutes les demandes de réparations faites par les alliés. Il fut résolu, à la suite d'un conseil, qu'on localiserait la guerre dans le Pé-tché-li. Les Chinois travaillèrent à fortifier l'entrée du Pei-Ho.

— C'est la rivière qui conduit à Pékin, n'est-ce pas, M. Frédéric, interrompit Horace, et le Pé-tché-li, c'est le golfe où elle se jette?

— Précisément, répondit l'officier, et il est nécessaire que vous ne les perdiez pas de vue l'un et l'autre pour bien suivre les mouvements des troupes expéditionnaires. Je continue:

Le 28 juin, le baron Gros et lord Elgin, ambassadeurs de France et d'Angleterre, avaient rejoint les généraux à Sang-Haï. Ils annoncèrent aux habitants par une proclamation qu'ils devaient échanger à Pékin les ratifications du traité, et ils se disposèrent à partir pour le Nord. Le 1er juillet, toutes les troupes étaient dans le golfe de Pé-tché-li. Les Chinois, décidés à disputer énergiquement l'entrée du fleuve, poursuivaient avec activité leurs préparatifs de défense.

La barre de l'embouchure du Pei-Ho a environ un mille de large; elle est couverte par dix ou douze pieds d'eau à la marée haute, et par deux seulement à la marée basse, ce qui rend très-difficile la navigation des embarcations légères. De chaque côté des forts de Tâkou, étaient des batteries rasantes, chargées de canons plus ou moins dissimulés par des sacs de terre. Des jonques de guerre, aux voiles bariolées, croisaient sur les côtes pour empêcher toute tentative de débarquêment; mais il ne paraissait pas douteux que, quand le moment serait venu, elles seraient incapables d'opposer une résistance sérieuse. Le plus grand obstacle serait le rivage, qui, extrêmement bas, se perd dans une boue liquide.

Une reconnaissance fut opérée le 13 et le 14, et il fut arrêté que les deux corps d'armée se réuniraient au Pétang: les Français comptaient 7,650 hommes, les Anglais 12,300 environ. L'armée française débarqua dans les premiers jours d'août. Les soldats, pour atteindre le rivage, avaient de l'eau jusqu'à la poitrine; les généraux marchaient à leur tête. Le 8, hommes, vivres, munitions, tout était à terre; nous occupions la ville. Trois jours après, le camp retranché des Chinois était emporté, et la route de Pékin ouverte.

La fête de l'Empereur fut célébrée le 15. Le matin, à six heures, le canon français, auquel l'artillerie anglaise répondit immédiatement, l'annonça au loin. On avait élevé au milieu du camp un autel orné de feuillage. A neuf heures, toutes les troupes formées en carré, les officiers au centre, assistèrent à la célébration de l'office divin, pendant lequel se firent entendre alternativement des chœurs admirablement organisés et les musiques des divers régiments. Les Anglais, qui professent leur culte avec une régularité extrême, furent frappés du recueillement de nos soldats. C'était, vous l'avouerez, un spectacle émouvant de voir notre corps expéditionnaire, encore accablé des fatigues de la veille et noirci de poudre, réuni autour d'un autel en plein air pour remercier Dieu du succès de nos armes, et prier pour la conservation des jours de l'Empereur.

— Oh ! oui, c'était bien beau, s'écria Ludovic; et nos régiments devaient avoir beaucoup de courage encore après avoir prié ainsi pour la France et l'empereur !

— Vous ne vous trompez pas, mon petit ami, repartit l'officier; on ne fait jamais mieux son devoir que quand on a présents à la pensée Dieu et la patrie. Nos soldats ne tardèrent pas à prouver de nouveau que l'empereur avait le droit de compter sur leur vaillance. Le 21 cinq forts furent enlevés, avec 500 bouches à feu, des munitions de guerre et des armes de toute sorte; l'embouchure du Pei-Ho, sur les deux rives, était aux Français. Cet événement eut un premier résultat. Les ambassadeurs, les généraux et les amiraux ouvrirent, le 26, à Tien-tsin, une conférence avec le vice-roi et les envoyés chinois. On tomba d'accord sur presque tous les points; mais, au dernier moment, les ambassadeurs chinois prétendirent qu'ils n'avaient pas de pleins pouvoirs pour signer.

Les troupes alliées se portèrent à Toung-tcheou, non loin de Pékin. Les Français battirent, le 8, dans les environs, une armée considérable de Tartares. Mais les habitants refusèrent de leur fournir des vivres, et la ville fut livrée au pillage. Les ambassadeurs chinois vinrent renouveler au quartier-général leurs propositions de paix; il fut impossible de les accepter : on ne pouvait traiter en l'absence des plénipotentiaires. Le baron Gros et lord Elgin arrivèrent le lendemain.

Le 20, on apprit que l'armée tartare, concentrée sur la route de Pékin, avait l'intention d'attaquer Toung-tcheou, on ne lui en laissa pas le temps. Le 21, à quatre heures du matin, les troupes se mirent en marche; elles rencontrèrent l'ennemi à quelque distance du village de Pa-li-kao. On se battit depuis sept heures du matin jusqu'à midi. Ce fut une brillante affaire, où les généraux Jamin et Collineau se distinguèrent particulièrement. Le soir on campait à huit milles de Pékin.

Les envoyés chinois demandèrent de nouveau à renouer les négociations; le baron Gros et lord Elgin exigèrent qu'on rendît préalablement les prisonniers. Sur leur refus, les alliés résolurent d'attaquer Pékin ; ils partirent le 6 octobre. L'armée tartare, au lieu de les attendre, s'était dirigée vers le palais d'été de l'empereur. Ils se portèrent de ce côté et arrivèrent au palais le 7; les Tartares l'avaient évacué. Une commission fut chargée de faire le partage des monnaies d'or et d'argent, ainsi que des objets de curiosité les plus précieux. La paie de prise de chaque soldat fut évaluée à 80 fr. environ. Les Anglais mirent le feu aux édifices sans l'assentiment des Français.

Le 9 octobre, les alliés étaient sous les murs de Pékin. Les Chinois consentirent alors à rendre les prisonniers : plusieurs avaient été massacrés, d'autres étaient morts de faim. Cette nouvelle excita l'indignation des soldats; ils étaient impatients de venger leurs frères d'armes. Le 15, le général Montauban signifia au gouvernement que si les portes de la ville n'étaient pas livrées le jour même, le bombardement allait commencer. Quelques heures après ce message, les drapeaux français et anglais flottaient sur la porte du Nord.

— Bravo! s'écria Ludovic en battant des mains. J'aurais voulu avoir votre âge, M. Frédéric, et planter moi-même le drapeau. Quel beau jour pour nos soldats! N'est-ce pas, ma bonne mère, que j'entrerai à Saint-Cyr et que je serai officier?

— Nous n'en sommes pas arrivés là, répondit en souriant Mme de Kerdoret; en attendant, continue de bien travailler, afin d'être, dans l'armée ou dans une autre carrière, un homme utile et un homme de bien.

L'enseigne de vaisseau reprit :

— Une cérémonie touchante eut lieu le 17; on inhuma les prisonniers anglais qui avaient succombé; les ambassadeurs et les généraux conduisaient le deuil. Le traité anglais fut signé le 24, et le traité français le lendemain. Puis le corps expéditionnaire fut autorisé à visiter la ville.

Le 28, les Français rendaient à leur tour les derniers devoirs aux infortunés dont les corps avaient été livrés. A une heure de l'après-midi, une foule considérable, dans laquelle on remarquait les officiers des deux corps d'armée et les ambassades française, anglaise et russe, au complet, remplissait l'église catholique, ouverte de nouveau aux chrétiens depuis la signature du traité de paix. Chacun des cercueils était placée sur un chariot d'artillerie, et recouvert d'un drap de velour noirs, sur lequel se détachait une croix blanche; ils avaient été construits à Pékin par les soins du gouvernement. Le cortége qui suivait le deuil était conduit par M. l'abbé Trégaro, aumônier en chef de l'armée, assisté de plusieurs autres prêtres, de Mgr Mouly, évêque de Pékin, et de vingt-quatre catéchumènes en costume de chœur.

Après l'office funèbre, on se dirigea vers le cimetière, situé à l'extrémité d'un des faubourgs de la ville. La marche était ouverte par plusieurs compagnies des différents corps de l'armée; une double haie de soldats, s'avançant l'arme renversée, échelonnait le cortége. Le général Montauban, son état-major, de nombreux officiers de toutes armes, en uniforme et avec l'écharpe de deuil; les généraux Jamin et Collineau, à la tête de leurs brigades, et beaucoup d'officiers anglais suivaient à cheval. Les ambassadeurs de France, d'Angleterre et de Russie, avec les attachés des diverses légations, faisaient aussi partie du cortége. Pendant le trajet, qui dura plus de deux heures, les prêtres récitèrent des prières, les tambours firent entendre des roulements lugubres, et, par intervalles, les musiques des régiments exécutaient de nombreux morceaux. Arrivés au cimetière, les corps furent reçus et bénits par Mgr Mouly, entouré de tous les membres du clergé catholique.

Le cimetière, enclos de murs, est dans un parfait état de conservation, dû sans doute au respect profond des Chinois pour les morts et à la pieuse protection de la mission russe à Pékin. Il a la forme d'un parallélogramme et est partagé au milieu par une allée plantée d'arbres verts qui en bordent les côtés. On y voit une centaine de tombes disposées sur trois rangs; toutes les pierres tumulaires, taillées sur un modèle uniforme sont simples, mais dignes. La, première avec la date de 1610, est celle d'un missionnaire portugais qui, pendant quelques années, eut une véritable influence à la cour des empereurs de Chine; la dernière, qui porte la date de 1825, est celle du R. P. Perboyre, missionnaire martyr.

Un modeste autel s'élève à l'extrémité de l'allée, surmonté d'une croix en marbre blanc.

C'était en face de cette croix qu'on avait creusé les fosses de nos frères d'armes. Des voix éloquentes firent l'oraison funèbre des victimes du 15 septembre. M. Trégaro parla de la cause juste et sainte pour laquelle les soldats de la France étaient venus sur cette terre lointaine, résolus à défendre les intérêts de la civilisation chrétienne et à venger les outrages qu'avait reçus la religion. Le colonel de Bentzmann prit ensuite la parole, et rendit un juste hommage aux vertus guerrières et civiles de nos malheureux compagnons. Puis le général en chef, après avoir flétri la conduite du gouvernement chinois, adressa un dernier adieu aux infortunés tombés sous les coups de la barbarie.

Le 29, l'armée assista à la réouverture et à la consécration de l'église catholique de Pékin, bâtie en 1637 et fermée au culte depuis trente-sept ans. Après la messe des morts, durant laquelle les musiques militaires exécutèrent des morceaux funèbres, Mgr Mouly prononça un discours en rapport avec la circonstance. Le digne prélat était vivement ému de retrouver son temple ouvert par nos armes; de grosses larmes coulaient de ses yeux. Il remercia chaleureusement l'empereur de l'appui qu'il prêtait à la religion; puis il exprima toute sa reconnaissance aux généraux qui avaient conduit nos troupes à Pékin; à l'ambassadeur qui, dans le traité, avait stipulé la cession à la France de l'église et du cimetière où désormais reposent en terre française nos compatriotes; enfin à nos vaillants soldats qui, après s'être illustrées par la victoire, avaient déposé le mousquet pour déblayer les immondices dont le temple du Seigneur était encombré.

Après ce discours, Mgr Mouly entonna le *Te Deum* pour célébrer la réouverture de l'église, ensuite un *Domine salvum fac imperatorem nostrum Napoleonem*, pour appeler sur l'empereur les bénédictions du Ciel. Ce furent nos soldats qui chantèrent les hymnes de la journée, et nous oubliâmes tous un moment qu'une distance de six mille lieues nous séparait de la partie.

L'œuvre était accomplie, comme le dit M. de Métrecey, ceux qui étaient morts en l'exécutant avaient reçu les honneurs suprêmes : la croix relevée attestait à ces peuples vaincus la puissance de la France. L'armée dès lors pouvait se retirer.

Le corps expéditionnaire quitta Pékin le 1er novembre, et arriva le 6 à Tien-tsin. La brigade Jamin se rendit à Shang-haï; la brigade Collineau resta à Tien-tsin.

Les traités et la convention, ratifiés par l'empereur, ne tardèrent pas à être affichés dans les principales rues de Pékin. Le baron Gros et lord Elgin purent alors s'éloigner eux-mêmes de la capitale. Le 14, la Russie échangea, de son côté, les ratifications d'un traité additionnel, qui fixa d'une manière précise les limites des deux pays. Le 22 décembre, le général Montauban était de retour à Shang-haï, après avoir visité plusieurs villes du Japon.

Les affaires étaient terminées dans le Nord, il devenait urgent d'agir dans l'empire d'Anam. Un corps de dix-huit cents hommes fut mis par le général Montauban à la disposition du vice-amiral Charner. Il fallait à tout prix achever ce qui avait été si heureusement commencé par le contre-amiral Rigault de Genouilly, et exécuter les projets grandioses de Louis XIV, de Louis XVI et de Louis-Philippe. Nos soldats obtinrent des triomphes qui eurent des résultats sérieux, et nous possédons aujourd'hui dans cet empire un établissement important.

Le 6 février 1861, une nouvelle douloureuse vint attrister la garnison de Shang-haï. On apprit que le général Collineau était mort à Tien-tsin des suites d'une paralysie violente qui des jambes avait gagné le corps avec une effroyable rapidité. L'armée le pleura comme l'un de ses officiers les plus braves

Telle fut, dit en terminant M. Frédéric, cette campagne de Chine, où nos soldats et nos marins rivalisèrent de courage, et par laquelle le gouvernement de l'empereur atteignit le but qu'il se proposait. Notre drapeau flotte aujourd'hui dans le Céleste-Empire comme dans la Cochinchine, protégeant efficacement nos nationaux et notre commerce, et l'influence française s'étend de jour en jour dans ces contrées lointaines où nos navires craignaient auparavant d'aborder.

— Je vous remercie, monsieur, repartit Mme de Kerdoret, de la complaisance avec laquelle vous avez bien voulu si souvent causer avec mon fils et mon neveu. Vos récits sont pleins d'intérêt, et ils auront été pour eux des leçons utiles. M. de Kerdoret sera charmé de retrouver ces deux enfants aussi instruits en arrivant à Paris, et, il s'empressera, je vous assure, de vous en exprimer sa reconnaissance.

— J'espère, madame, répondit l'officier, que j'aurai le plaisir de continuer quelque temps encore à mes petits amis ce que vous avez l'indulgence d'appeler des leçons utiles. Un marin a beaucoup vu, et il lui est on ne peut plus agréable de faire part de ses impressions à un auditoire comme celui que je rencontre ici.

Mme de Kerdoret sourit; puis, tirant une lettre de son secrétaire, elle dit à M. Frédéric:

— Il faut que nous partions après-demain; mon mari m'appelle à Paris pour une affaire urgente. Je sais combien mes enfants sont heureux ici, grâce surtout aux bontés que vous avez pour eux, ainsi que M. Letroadec, et voilà pourquoi j'ai attendu jusqu'ici à les informer de l'avis de M. de Kerdoret. Mais le moment est venu de faire nos préparatifs, tout retard est désormais impossible.

Horace et Ludovic n'apprirent pas cette nouvelle sans regret; les larmes leur vinrent aux yeux à la pensée de quitter si vite les bords de la mer, leurs amis l'officier et son oncle, et cédant à un mouvement spontané, ils se jetèrent dans les bras du lieutenant de vaisseau. M. Frédéric les embrassa cordialement; puis il les consola un peu en leur disant qu'il allait être, pendant plusieurs années, attaché au port de Brest, et qu'ils le retrouveraient au Conquet, dans deux ans, s'ils venaient de nouveau y passer les vacances, ainsi que leur mère en avait le projet.

Le lendemain, Mme de Kerdoret et les enfants allèrent prendre congé de M. Letroadec et de son neveu; le soir même, ils partirent pour Brest, et ils prirent la voiture de Paris. Le chemin de fer n'était terminé alors que jusqu'à Saint-Brieuc.

FIN

TABLE

— LILLE. TYP. L. LEFORT. MDCCCLXV. —

SAINT AMBROISE; sa vie et extraits de ses écrits.

SAINT ATHANASE; sa vie et extraits de ses écrits.

SAINT AUGUSTIN; sa vie et extraits de ses écrits.

SAINT BASILE; sa vie et extraits de ses écrits.

SAINT BERNARD; sa vie et extraits de ses écrits.

SAINT CYPRIEN; sa vie et extraits de ses écrits.

SAINT ÉPHREM; sa vie et extraits de ses écrits.

SAINT GRÉGOIRE DE NAZIANZE; sa vie et extraits de ses écrits.

SAINT JEAN-CHRYSOSTOME; sa vie et extraits de ses écrits.

SAINT JÉROME; sa vie et extraits de ses écrits.

SAINT MARTIN, évêque de Tours; par Maxime de Montrond.

SAVANTS (les) les plus célèbres; par le même.

SOUVENIRS de voyage: la Suisse, le Piémont, Rome, Naples, toute l'Italie; par Mme la comtesse de la Grandville, 2 *vol.*

SYRIE (la) en 1860 et 1861: massacres du Liban et de Damas, et expédition française; par M. l'abbé Jobin.

VENDEVILLE (Mgr), évêque de Tournai; par le R. P. Possoz.

VIE du cardinal Giraud, archevêque de Cambrai; par M. l'abbé Capelle.

A 1 fr. 50 le volume :

DOM LÉO, ou Pouvoir de l'amitié; par E. S. Drieude.

EDMOUR ET ARTHUR; par le même.

ÉPREUVES de la piété filiale, par le même.

ÈRE (l') DES MARTYRS; par M. H***.

EUROPE (l') CHRÉTIENNE; par C. Guénot.

FLEURS printanières; par Max. de Montrond.

FRÈRE (le) et la Sœur; par F. Villars.

ILE (l') des Nauclćas; par Mme Grandsart.

JEANNE D'ARC : récits d'un preux chevalier.

LEQUEL DES DEUX? par l'aut. du *Château de Bois-le-Brun.*

MÉMOIRES d'une orpheline; par Marie Emery.

MES PAILLETTES d'or; par Maxime de Montrond.

MES SOUVENIRS; par le même.

NÈGRES (les) de la Louisiane; par Marie Emery.

PROVERBES (les) : histoire anecdotique et morale des proverbes.

RÉCITS historiques et dramatiques; par Marie Emery.

RETOUR des Pyrénées; par l'aut. des *Souvenirs de voyage.*

ROI (le) de Bourges; par J. P. des Vaulx.

TROIS (les) Berthe; par M. P. Jouhanneaud.

VOYAGE aux Pyrénées; par l'aut. des *Souvenirs de voyage.*

VOIX (la) de l'exil; trad. de l'ital. *rev. par le card. Giraud.*

A 1 fr. le volume :

AMANDA de Fitz-Owald; par Mlle Brun.

BONHEUR d'une famille chrétienne; par Prévault.

CHARITÉ (la) en action; par Mme Bourdon.

CROIX (la) d'or; par M. Mestivier.

DANGERS (les) D'UNE AMITIÉ TROMPEUSE.

DANIEL RIGOLLOT, ou le Presbytère, la Ferme et le Château.

EDMA, ou le Triomphe de la charité ; par Mlle Brun.

ELISABETH et Emilie, ou Prétention et Simplicité ; par Mme C. Farrenc.

FAMILLE (la) HEUREUSE ; par H. Prévault.

FAMILLE (la) irlandaise, ouvrage imité de l'anglais.

FORTUNE ET ADVERSITÉ ; par M. Brasseur.

GEORGES, ou le Bon Usage des richesses.

HONNEUR (l') d'un père ; par Marie Emery.

JOIES (les) de la famille.

MARIE EUSTELLE ; par Mme de Gaulle.

MISÉRICORDE et Providence : vie de Mlle de Lamourous.

MODÈLE DES JEUNES GENS ; par l'abbé Proyart.

PRISONNIER (le) de Russie ; par T. Perrin.

UN ANGE CONSOLATEUR ; par Prévault.

UNE BONNE RÉPUTATION ; par Marie Emery.

www.ingramcontent.com/pod-product-compliance
Ingram Content Group UK Ltd.
Pitfield, Milton Keynes, MK11 3LW, UK
UKHW022111190726
13855UKWH00002B/775